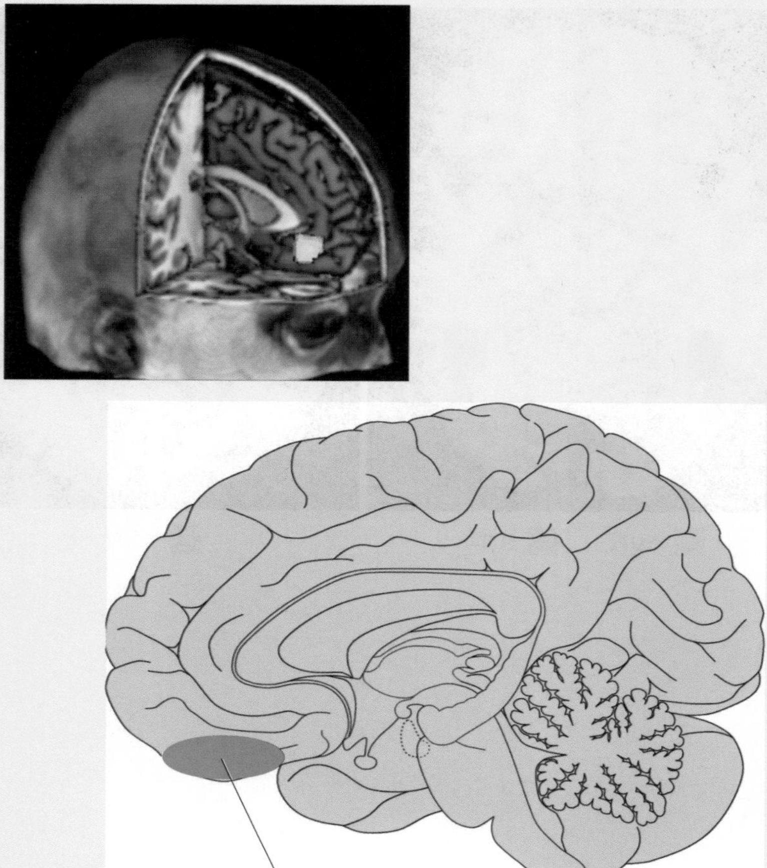

그림 2.2
내측 안와전두피질의 활동과 뇌 안의 위치

p.51

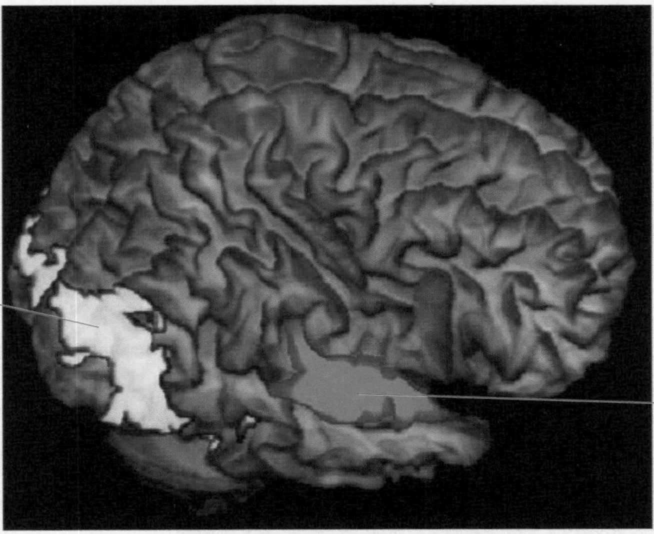

그림 2.3
후두엽에 있는 시각피질과 측두엽에 있는 청각피질

p.54

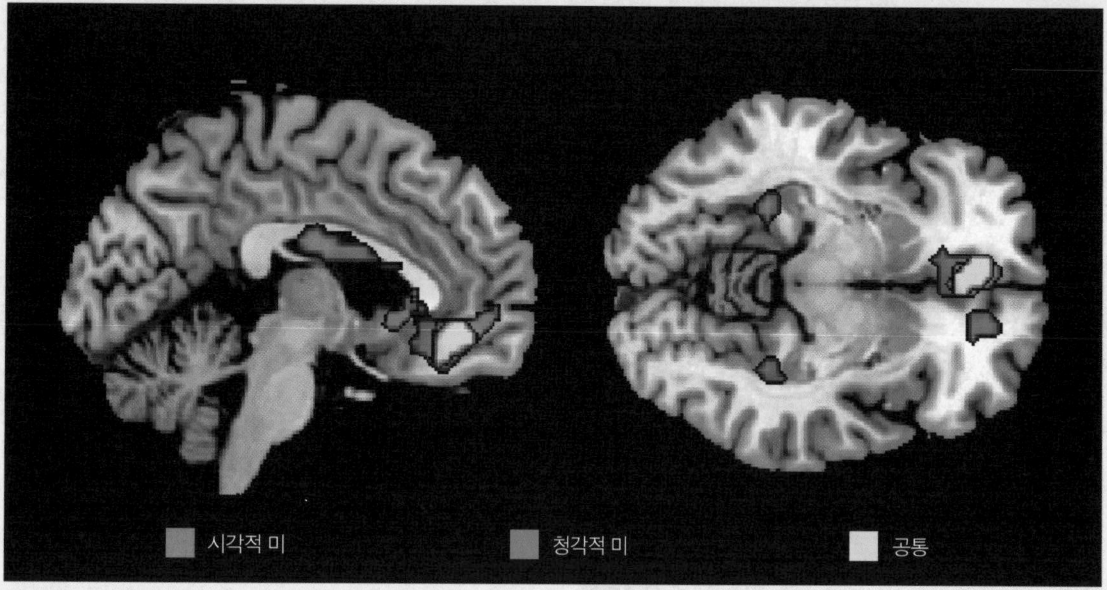

그림 2.4
시각적 미와 청각적 미에 활성화되는 부위, 그리고 두 가지 미에 공통되게 활성화되는 내측 안와전두피질.
왼쪽이 정중 단면, 오른쪽이 수평 단면이다. (Ishizu & Zeki, 2011에서 수정)

p.56

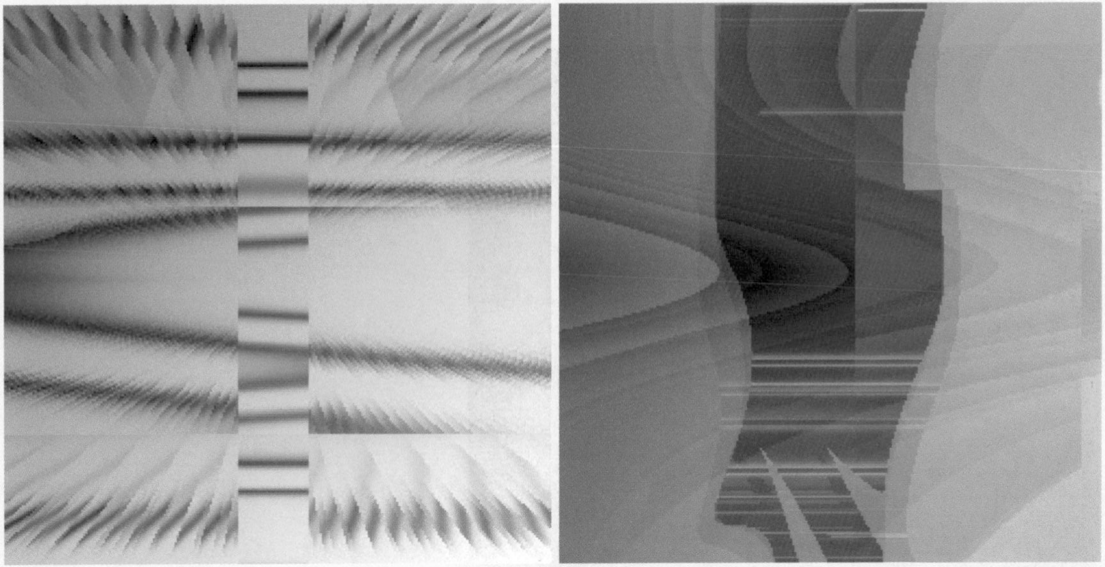

그림 4.1
맥락 효과 실험의 이미지 자극 예.
실험에서 왼쪽은 '미술관 소장 작품', 오른쪽은 'CG(computer graphic)'라는 레이블을 붙였다.

p.89

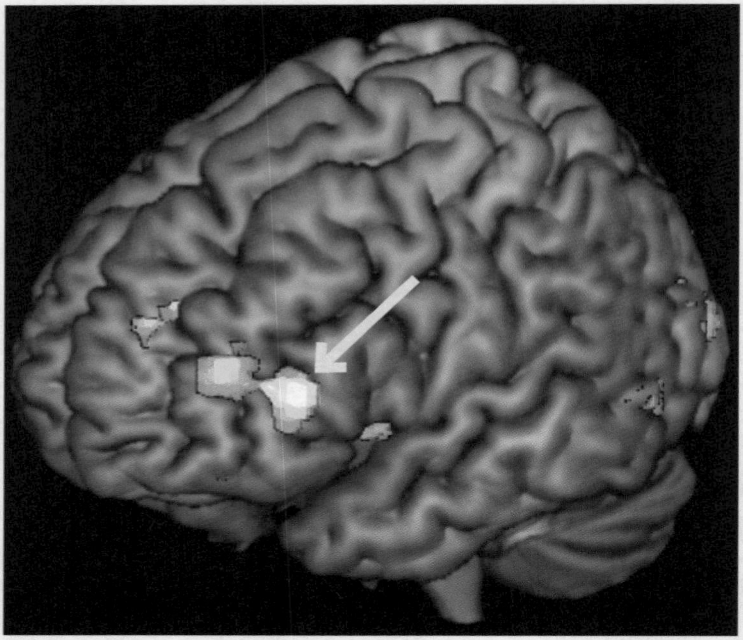

그림 4.2
타인의 의견에 잘 휩쓸리지 않는 사람의 뇌에서 활동을 보인
배외측 전전두피질

p.92

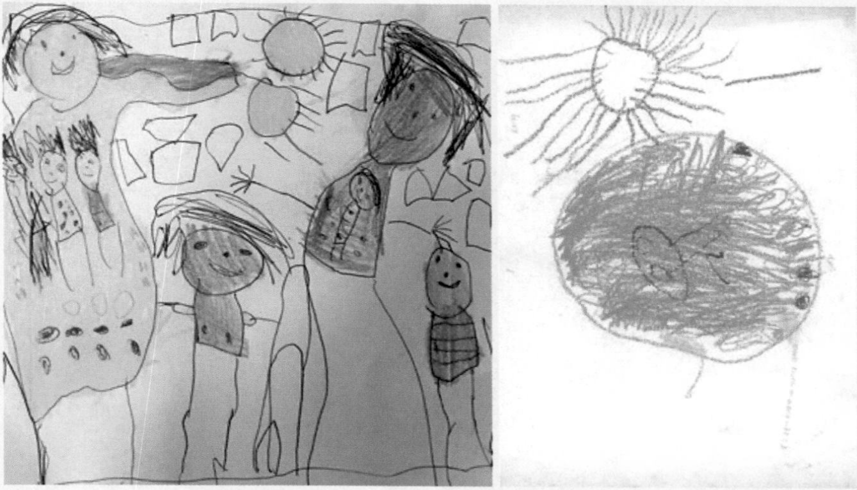

그림 5.2
유아들이 그린 노란색과 빨간색의 해.
왼쪽은 영국 4세 유아 소라 나이토 로버츠(Sora Naito Roberts)의 작품,
오른쪽은 일본 3세 유아의 작품이다. (개인적인 편지에서 수정)

p.109

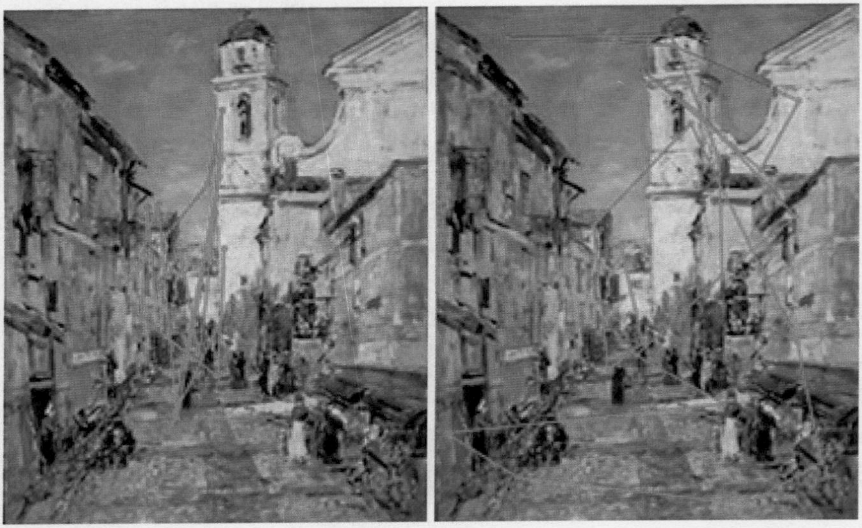

그림 5.3
초심자와 전문가의 시선 측정 결과.
회화 안의 실선은 시선의 움직임을 나타낸다. 초심자(왼쪽)는 인물이나 건물 등 화면 안의 눈에 띄는 구상적 사물에 시선이 끌리고 있다. 반면 전문가(오른쪽)는 화면 전체를 보고 구성이나 사물의 배치 등을 관찰하고 있는 것을 알 수 있다. (Pihko et al., 2011에서 수정)

↖ p.112

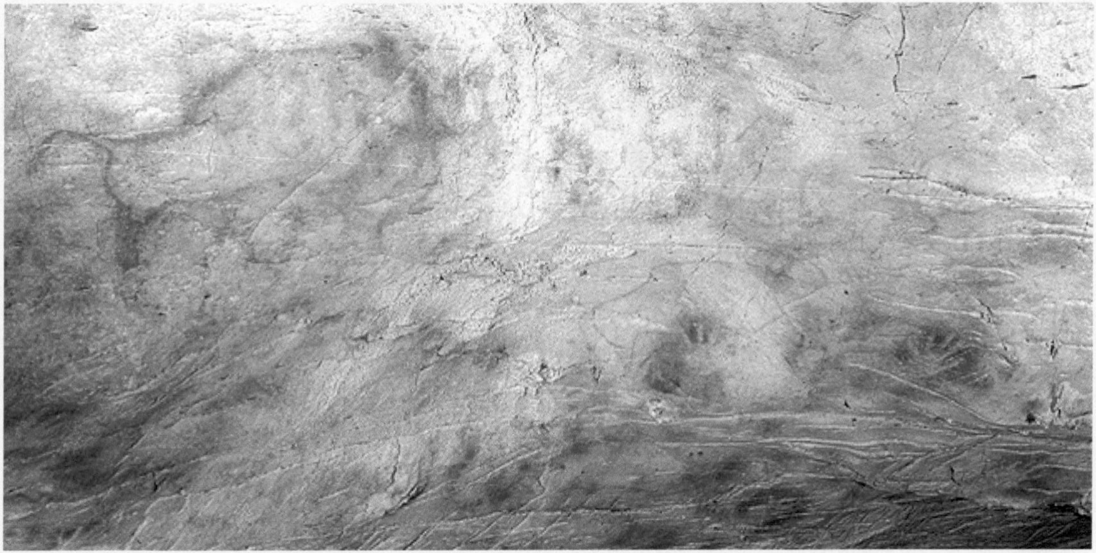

그림 6.1
엘 카스티요 동굴 벽화의 일부.
왼쪽 위의 버팔로는 비교적 최근 연대의 벽화이고, 오른쪽 아래의 손 모양이나 붉은 염료는 오래된 것으로 약 4만 년 전으로 추정된다. (wikicommons에서 수정)

p.132

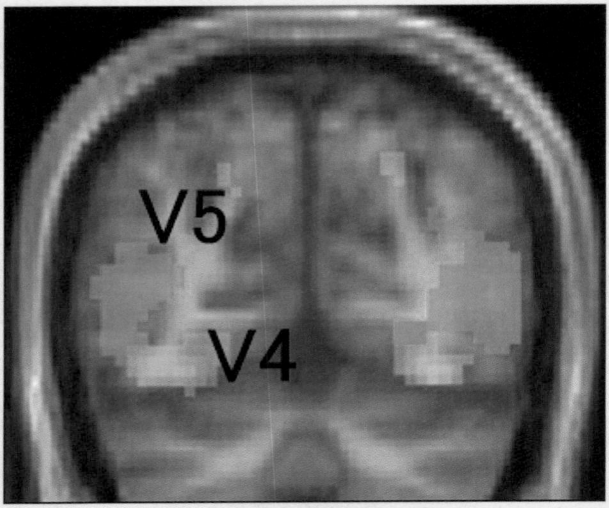

그림 6.2
후두엽에 있는 색채 정보를 처리하는 V4(노란색)와
운동 정보를 처리하는 V5(파란색)

p.135

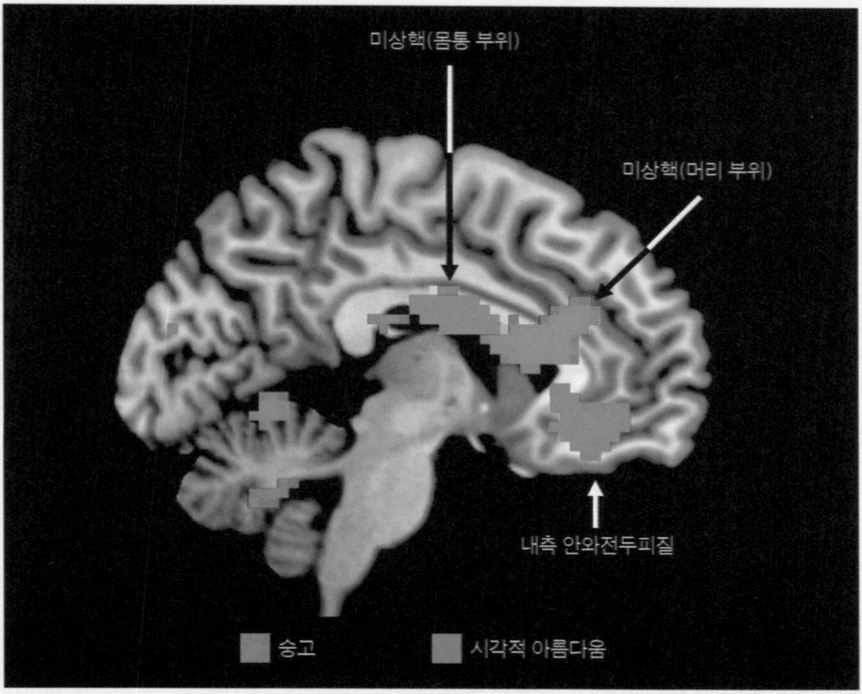

그림 8.1
숭고와 시각적 아름다움에 대한 뇌 반응.
각각 다른 부위를 활성화시킨다.

p.184

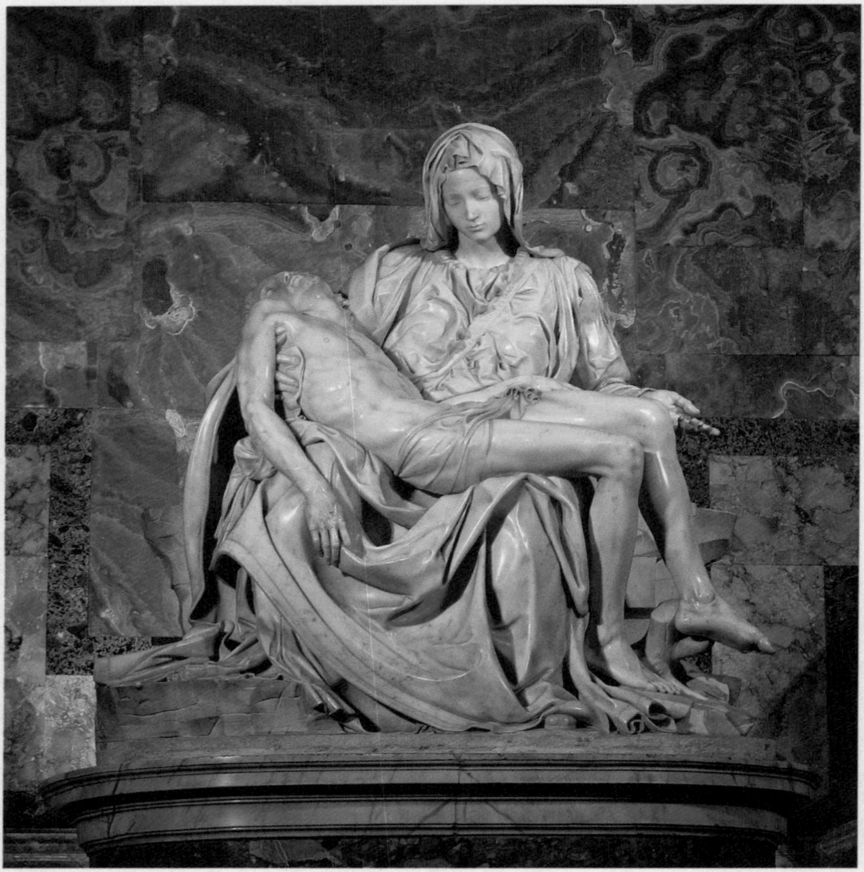

그림 8.2
미켈란젤로의 〈피에타〉
(바티칸의 성 베드로 대성당 소장, 출처: wikicommons)

p.191

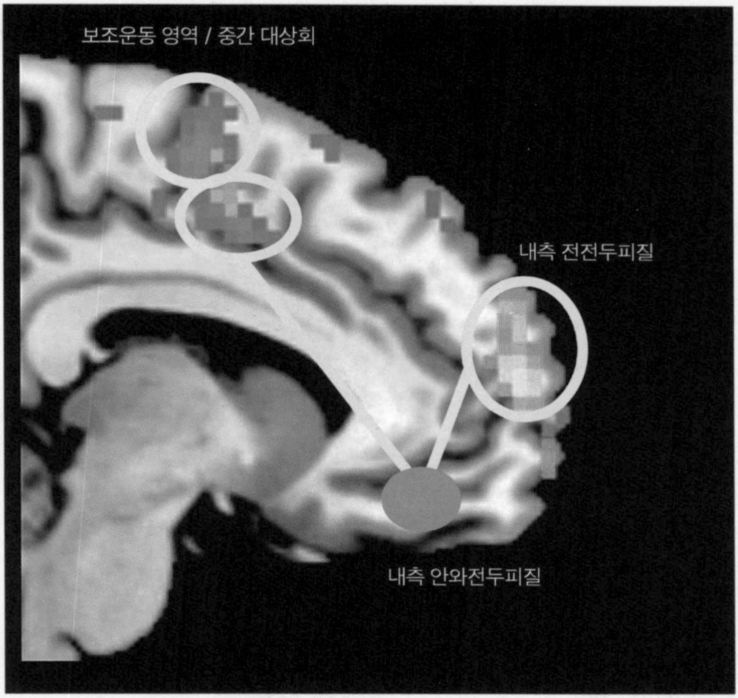

그림 8.3
안와전두피질의 뇌 안에서의 기능적 결합.
비애미에서는 보조운동 영역, 중간 대상회 사이의 결합이 관찰되었다.
한편, 환희미에서는 내측 전전두피질과의 결합이 관찰되었다.

↖ p.195

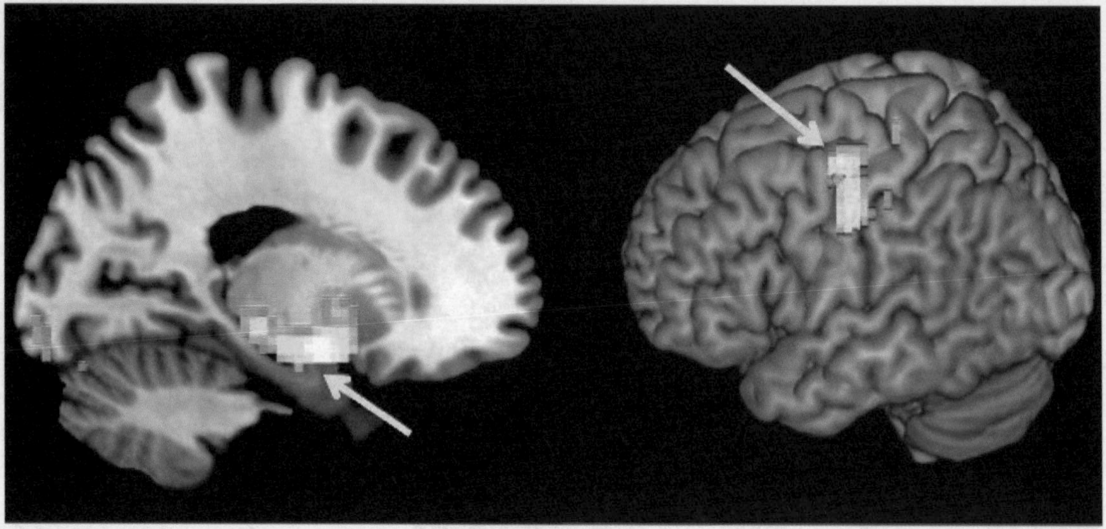

그림 9.1
추의 뇌 활동.
왼쪽은 편도체, 오른쪽은 운동 영역의 모습이다.

p.208

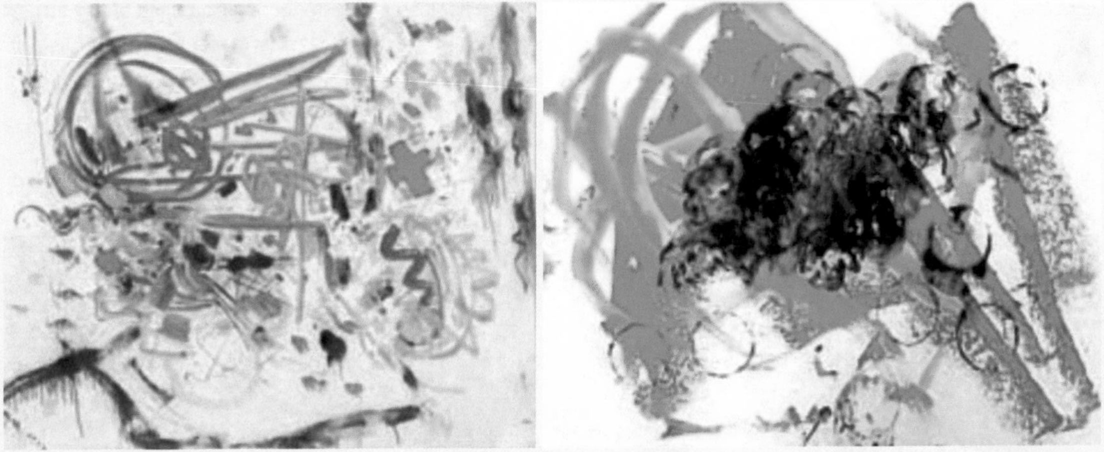

그림 10.3
예술적 의도에 관한 실험에 사용된 회화 자극의 사례.
왼쪽은 화가 한스 호프만, 오른쪽은 4세 유아가 그린 것이다.
(출처: Hawley-Dolan & Winner, *Psychological Science*, 2011)

p.231

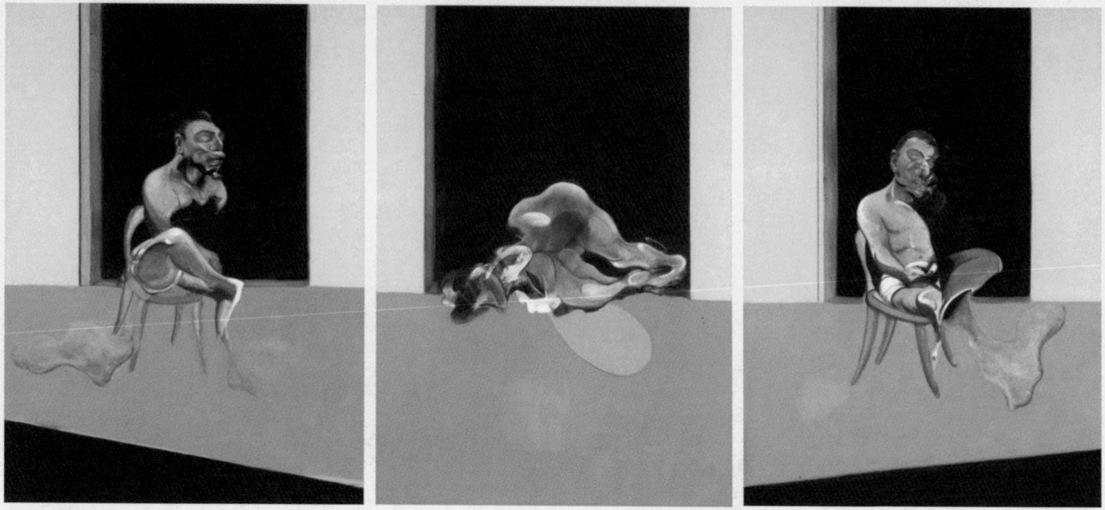

그림 11.1
프랜시스 베이컨, 〈삼면화 – 1972년 8월〉, 1972 [CR 72–07]

p.239

아름다움과 예술의 뇌과학

입문자를 위한 신경미학

共立スマートセレクション30 神経美学ー美と芸術の脳科学ー
石津智大(著)、渡辺茂(コーディネーター)

Kyoritsu Smart Selection 30
Neuroaesthetics －Arts, Mind, and the Brain－ by Tomohiro Ishizu, Shigeru Watanabe

지은이 이시즈 도모히로 石津智大 Tomohiro Ishizu
코디네이터 와타나베 시게루 渡辺茂 Shigeru Watanabe
옮긴이 강미정 · 민철홍 · 김지수

神経美学
Neuroaesthetics
美と芸術の脳科学
Arts, Mind, and the Brain

아름다움과 예술의 뇌과학

입문자를 위한 신경미학

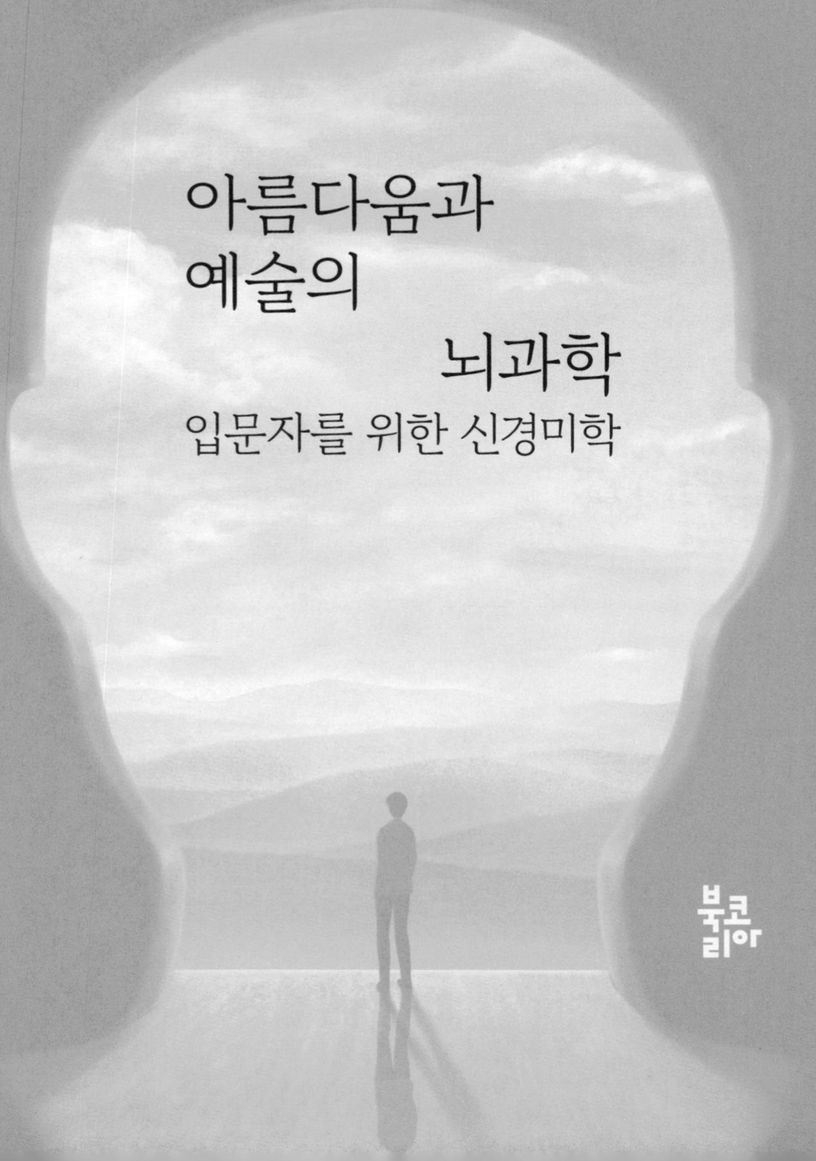

북코리아

한국어판 서문

친애하는 한국 독자 여러분!

『아름다움과 예술의 뇌과학: 입문자를 위한 신경미학』의 한국어판 서문을 쓰면서 따뜻한 감사의 마음이 가슴 깊숙한 곳으로부터 차오르고 있습니다. 하나의 저작이 국경과 문화적 경계를 뛰어넘어 새로운 언어로 번역됨으로써 반향을 얻을 기회는 흔한 일이 아닙니다. 풍부한 예술적 유산과 아름다움에 대한 깊은 이해를 지닌 한국인은 과학적 미학을 탐구하는 방향으로 자연스럽게 나아가는 것 같습니다.

2019년 이 책을 처음 집필할 때 저는 신경과학, 예술 그리고 미학의 흥미로운 교차점에 대해 새롭게 알아보고자 했습니다. 이 분야는 우리가 미술, 문학, 음악 등 모든 형태의 미적 경험을 어떻게 해석하고 즐거움을 얻는지 이해하기 위해 뇌를 탐구하는 분야입니다. 뇌에 대한 과학적 이해와 예술에 대한 우리의 지속적인 매혹을 연결하려는 야심찬 노력이었습니다.

이 책의 한국어 번역 작업은 강미정, 민철홍, 김지수 선생님의 헌신적인 노력이 없었다면 결실을 맺을 수 없었을 것입니다. 제 생각과 관찰 내용을 한국어로 세심하게 전달해주신 역자 세 분께 깊은 감사를 표하고 싶습니다. 역자들이 공들여 번역한 덕분에 미묘한 생각과 복잡한 이론을 명확하고 정확하게 전달할 수 있었습니다. 그들의 비전과 결단은 이 책이 일본에서 한국으로 가는 여정을 안내하는 데 중요한 역할을 했습니다.

2019년부터 현재까지 신경미학 분야는 눈부신 발전을 이루었습니다. 인지신경과학과 미학, 미술사, 철학, 예술 실천을 결합한 학제적 연구가 점점 더 활발해지고 있습니다. 그 결과 학문적 장벽이 허물어지고 미적 경험에 대한 더욱 풍부하고 심도 있는 이해가 가능해졌습니다.

몇 가지 예를 들어 설명해보겠습니다. 신경미학의 주도적인 경향 중 하나는 우리의 신체적 감각, 운동, 내부수용감각(interoception)이 미적 지각에 어떤 영향을 미치는지 연구하는 체화 미학(embodied aesthetics)입니다. 나아가 미적 경험에서 공감이 갖는 역할에 대한 탐구가 진행되면서 우리가 예술작품이 전달하는 감정을 있는 그대로 느낄 수도 있으리라는 대단히 흥미로운 가능성이 열렸습니다.

최근 신경미학과 웰빙의 관계에 대한 관심이 크게 증가했습니다. 연구에 따르면 예술 관련 활동은 스트레스를 줄이고, 기분과 인지 기능을 개선하며, 치매나 우울증 같은 질환을 치료하는 효과를 가져오는 등 실제로 신경생리적인 영향을 줄 수 있다고 합니다. 또한 이러한 혜택은 사회복지 분야에까지 확장되고 있습니다. 가령 지역사회의 예술 프로그램은 개인의 사회적 결속력, 역량 강화, 회복 탄력성을 촉진하는 것으로 입증되었습니다. 예술을 의료 환경에 통합하고 사회적 개입을 위한 도구로 사용하는 것이 점점 더 강조되고 있습니다. 하지만 중요한 것은 이 분야가 아직 신생 단계에 있으며, 이렇게 복잡한 관계를 완전히 이해하려면 더 많은 연구가 필요하다는 점을 아는 것입니다.

신경영상기술의 발전으로 향수나 비애 같은 복합적인 감정, 즉 매우 미묘한 미적 경험의 신경 상관물을 더욱 정밀하고 철저하게 파고들 수 있게 되었습니다. 그 결과 뇌가 복잡한 시각적 · 음악적 자극을 처리하는 방법, 미적 감상에서 감정의 역할, 창의성의 신경생물학적 기초 등을 이해하는 데 획기적인 진전이 이루어졌습니다. 과학 영역 너머에서는 예술과 신경과학의 융합에 대한 사회적 태도가 진화하는 중입니다. 이러한 변화는 부분적으로 과학의 탈중심화 추세와 복잡한 개념들을 소화할 준비가 되어 있는 대중의 증가로 인해 촉진되고 있습니다. 결과적으로 전 세계의 박물관과 문화 기관들은 전시와 프로그램에 신경과학을 접목하기 시작했고, 예술과 뇌의 연관성에 관해 대중과 대화를 시작하게 되었습니다.

인공지능과 딥러닝을 비롯한 컴퓨터에 의존한 접근은 예술과 미적 감상에 대한 우리의 이해를 변혁하고 있습니다. 예술적 특징을 정밀하게 분석하고 양식적 경향을 모델링하여 미적 매력을 이

끌어내는 요소에 대한 통찰을 제공합니다. 게다가 인공지능은 참신한 예술작품을 생성함으로써 창의성의 경계를 넓히고 미학에 대한 우리의 이해에 도전하고 있습니다. 이러한 기술은 본질적으로 인간의 미적 감상 영역을 탐구하고 확장하기 위한 혁신적인 도구를 제공합니다.

그러나 이러한 탐구는 아직 초기 단계에 있으며, 아직 답변되지 않은 많은 질문이 있습니다. 이를테면 이런 것들 말입니다. 서로 다른 예술 형식이 뇌에 정확히 어떤 영향을 미칠까? 문화적 · 개인적 맥락은 예술에 대한 우리의 신경 반응을 어떻게 형성할까? 신경미학에 대한 우리의 이해를 어떤 식으로 활용하여 창의력을 키우고 교육을 진작하며 정신건강을 개선할 수 있을까? 인간을 인공지능과 차별화하는 요소는 무엇이며, 인공지능이 복제하거나 모방할 수 없는 인간에게 고유한 예술성과 창의성은 무엇일까? 이러한 질문들은 신경미학 연구가 향하고 있는 흥미진진한 방향 중 일부에 불과합니다.

『아름다움과 예술의 뇌과학』의 한국어판이 여러분에게 신경미학에서 새로이 부상하는 경향에 대해 알려줄 뿐만 아니라, 예술과 신경과학의 매혹적인 교차점을 더 깊이 파고들 수 있도록 영감을 줄 수 있기를 진심으로 바랍니다. 이 책의 페이지들을 넘기며 독자가 마주하는 각각의 예술작품, 모든 멜로디, 한 줄 한 줄의 시가 신경 회로를 밝혀주고, 끊임없이 출렁이는 감정과 가장 심오한 형태의 인간 경험에 대해 진기한 이야기를 들려준다는 점을 기억해주세요.

이 책의 역자들, 코디네이터, 그리고 독자 여러분께 깊은 감사의 말씀을 전합니다. 이 프로젝트는 지식과 이해를 추구할 때 협업이 얼마나 강력한 힘을 발휘하는지 보여주는 증거입니다. 여러분과 함께 이 여정에 착수하게 되어 영광입니다.

즐거운 독서가 되시길 바랍니다.

2023년 7월

이시즈 도모히로

저자 서문

"터너 이전에는 런던에 안개가 존재하지 않았다."

Before Turner there was no fog in London.

오스카 와일드가 한 말입니다. 여기서 말하는 '터너'는 18~19세기 영국의 풍경화가 조지프 말로드 윌리엄 터너를 가리킵니다. 그는 32세에 왕립아카데미 미술학교의 정교수가 되었고, 천재라 불리며 평생 300점에 가까운 유화를 그렸는데, 그중에서도 가장 유명한 그림은 안개 낀 런던의 정경을 그린 풍경화입니다.

그럼 18세기까지 런던에는 안개가 없었을까요? 그럴 리 없습니다. 여러분이 런던이라는 도시 이름을 들으면 연상할 수 있는 '안개가 자욱한 런던'은 분명히 존재했습니다. 지금은 짙게 안개 낀 날이 적지만, 18~19세기 런던은 확실히 각 집에서 뿜어져 나오는 벽난로 연기와 함께 어우러져 안개가 짙은 도시였다고 합니다.

그러면 왜 오스카 와일드는 런던에 안개가 없었다고 했을까요? 그는 사실 예술의 역할에 대해 말한 것입니다. 와일드는 이렇게 말합니다. "예술이 자연을 모방하는 것이 아니라 자연이 예술을 모방한다." 무슨 말인가 하면, 예술이란 실제로 존재하는 것을 그저 베끼는 행위가 아니라 반대로 우리는 예술작품을 만난 후에야 비로소 실제로 그것이 어떤 것이었는지 감지하게 된다는 뜻입니다. 당시의 런던 사람들은 터너의 풍경화에 그려진 안개를 보고 나서야 비로소 현실 속 안개의 존재를 알아챌 수 있었습니다.

철학자 에른스트 카시러의 말도 위와 비슷한 내용을 담고 있습니다. "다른 모든 상징의 형식과 마찬가지로 예술은 단지 기존에 주어진 현실의 재생이 아니다. 예술은 사물과 인간 생활에 관한 객관적인 시각을 얻을 수 있는 하나의 방법이다. 그것은 모방이 아니라 현실 자체의 발견이다." 자연의 단순한 모방이 아니라 그것을 풍부한 상징으로 표현함으로써 현실을 더욱 풍부하게 통찰하게 해주는 것이 예술이 가진 본래 역할 중 하나입니다.

이러한 점에서 예술가는 '리얼리티'를 발견하는 천재라고 할 수 있습니다. 그렇다면 리얼리티, 즉 현실이란 무엇일까요? 들여다보면 보이는 것이라고 생각할 수 있지만, 그것은 틀린 생각입니다. 이 책의 본문에서도 소개하듯이, 우리가 바라보고 있는 외부 세계는 사실적이지 않습니다. 우리의 시각이나 청각, 촉각, 외부를 포착하는 감각 지각은 실제 세계를 그대로 비추지 않습니다. 지금 여러분이 느끼고 있는 페이지의 촉감, 조명의 색 등은 물리적인 현실이 아니라 우리에게 입력된 지각 정보를 뇌라는 장기가 번역한 결과라고 할 수 있습니다.

우리의 지각은 망막이나 내이 같은 감각 수용체와 뇌의 사양에 따라 제약되어 있습니다. 우리는 자외선을 볼 수 없고, 3만 Hz 이상의 소리도 들을 수 없습니다. 예술 표현의 지각도 당연히 같은 제약을 받고 있습니다. 그러므로 '울트라 바이올렛'이라는 색상의 물감은 존재하지 않으며, 초음파의 음표도 존재하지 않는 것입니다. 예술가는 우리의 지각을 관찰함으로써 감각과 뇌의 사양에 따라 정해진 '지각 가능한 영역 안'에서 예술적 표현의 시행착오를 해왔다고 할 수 있습니다. 인간이 사물을 어떻게 보는지에 대해 알지 못한다면 이를 잘 표현할 수도 없습니다. 예술 표현을 한다는 것은 우리의 지각을 들여다본다는 것과 마찬가지라고 할 수 있겠습니다. 화가의 작품을 바라본다는 것은 지각의 구조를 바라보는 것과 같다고 할 수 있겠습니다.

예술과 과학은 서로 동떨어져 있는 영역들처럼 보일 수 있습니다. 하지만 지각에 대해 탐구를 시도하고 정신의 작용에 관여하려고 한다는 점에서 두 분야는 같은 목적을 공유하고 있다고 할 수 있습니다. 그러므로 예술 분야에서 진행되어온 논의와 실천은 과학적 실험의 힌트가 되기도 합니다.

이를테면 '색은 형태에 어떤 영향을 미치는가?'라는 세잔의 회화적 탐구는 '색채나 형태와 같이 서로 다른 시각적 구성 요소가 어떻게 통합되어 인식되는가?'라는 신경생물학이나 실험심리학 연구와 연결됩니다. 또한 '사물의 형태를 구성하는 가장 작은 요소는 무엇인가?'라는 피에트 몬드리안의 예술적 물음은 '시각적 정보처리의 최소 구성 요소는 무엇인가?'라는 신경과학의 문제와 매우 유사합니다.

예술가들이 자신의 방법으로 도전한 질문과 도달한 답변에 대해 (종종 수십 년 늦게) 과학자들도 그들의 방법론으로 도전해왔습니다. 예술에서의 논의나 실천은 과학에 풍부한 영감을 제공합니다. 또 반대로 지각, 인지, 뇌의 구조에 관해 배움으로써 예술작품에 대한 새로운 시각을 가질 수도 있을 것입니다.

서론이 길어졌지만, 예술과 과학의 쌍방 관계를 알아보는 학문이 있습니다. 그것이 이 책의 주인공인 '신경미학(neuroaesthetics)'입니다. 신경미학이란 인지신경과학의 새로운 한 분야로, 뇌의 작용과 미적 경험(미추, 감동, 숭고 등)의 관계, 인지 과정과 뇌 기능, 예술 활동(작품의 지각 혹은 인지, 예술적 창의성, 예술비평 등)의 관계를 연구하는 학문입니다. 신경과학자나 심리학자뿐만 아니라 철학자, 예술가, 예술사학자 등이 참여하는 학제적 영역입니다. 신경과학과 심리학의 관점에서 예술 활동과 감성적 판단의 구조를 배우는 한편, 예술의 기법이나 감성에 대한 철학적 고찰을 이용하여 우리의 인지와 마음의 작용, 그리고 그 배후에 있는 뇌 기능에 대한 이해를 심화시킬 수 있는 상호 보완작용이 있는 학문이라고 할 수 있습니다.

이 책에서는 신경미학의 탄생부터 오늘에 이르는 약 20년의 성과를 정리했습니다. 독자들이 신경미학을 통해 과학과 예술 사이의 관계를 읽어내고, 지금까지 생각하지 못한 견해나 사고방식을 깨달아준다면 저자로서는 더없이 기쁠 것입니다.

2019년 7월

이시즈 도모히로

목차

목차

목차

일러두기

- 단행본은 『 』, 논문은 「 」, 예술작품은 〈 〉, 전시나 행사는 《 》로 표기했다.
- 이해를 돕기 위해 일부 그림은 책의 맨 뒤에 컬러로 제시했다. 본문 그림 아래의 해당 쪽수(예: → C01)를 확인하기 바란다.
- 옮긴이의 주는 해당 각주 내용 앞에 '[역주]'로 별도 표기했다.
- 미주는 지은이의 인용문헌 목록으로, 영문과 일문 모두 원어로 표기했다.

I

신경미학이란?

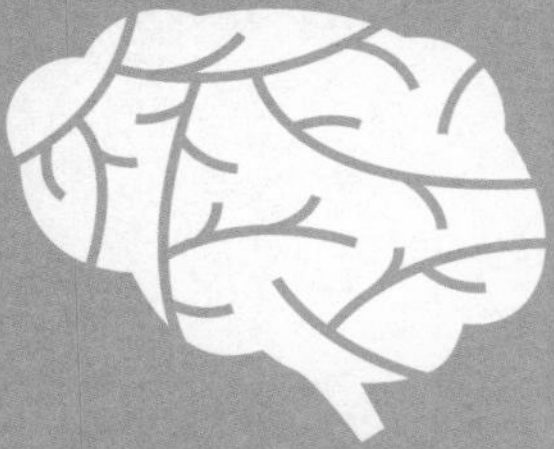

1.
뇌과학과 미

'신경미학'이라는 단어를 들어본 적 있나요? 영어 원어로는 'neuroaesthetics'라고 합니다. 이는 '신경의'라는 뜻의 'neuro'와 '미학'이라는 뜻의 'aesthetics'로 이루어진 조어입니다. 신경이라는 말을 들으면 주름투성이의 뇌나 삐죽삐죽한 뉴런 그림, 신경전달물질 등 뇌과학이나 의학적인 '물질'을 떠올리는 분이 많을지도 모르겠습니다. 한편, '미학'이라는 말을 들으면 어떤가요? 아름다움이나 추함, 예술, 철학 등 '마음'에 관한 것을 연상하지는 않을까요?

한쪽은 단단하고 객관적인 '물질'이고, 다른 한쪽은 우리 내면에 있는 부드럽고 주관적인 '마음'입니다. 뇌과학과 미학은 일견 상반돼 보이기도 하는 기묘한 조합입니다. 하지만 뇌과학도 미학도 하나의 동일한 목표를 가지고 있습니다. 그것은 '우리 인간은 도대체 무엇인가?'라는 단순한 물음으로 정리할 수 있습니다.

뇌과학에서는 '뇌가 어떻게 일하는가?', '신경이 어떻게 기능하는가?', '그것이 바탕이 되어 우리의 행동이나 정신 활동에 어떻게 영향을 미치는가?'를 연구합니다. 부드럽고 주관적인 체험, 감성적인 판단의 검토를 통해 인간성에 대해 고찰해가는 미학과는 매우 다른 것처럼 생각됩니다. 완전히 다른 접근법을 취하고 있는 두 분야이지만, 탐구의 출발점은 모두 '인간' 자체에 대한 관심과 하나하나의 인간의 행동, 인지, 마음을 이해하고 싶다는 바람입니다.

현대는 뇌과학의 발전에 따라 뇌가 마음에 미치는 영향을 보여주는 과학적인 증거가 넘쳐납니다. 뇌의 활동이 지각, 인지, 감정이라는 마음의 작용을 낳는다는 것은 이미 의심의 여지가 없다고 할 수 있을 겁니다. 그중에서 아름다움이나 추함 등 감성적인 체험에 뇌가 어떻게 관련되어 있는가에 대해 흥미를 느끼는 것은 자연스러운 일이라고 생각합니다.

물론 감성적인 체험은 아름다움 외에도 많습니다. 애정, 두려움, 추함, 시샘, 그리고 미움도 있죠. 그러나 아름다움을 출발점으로 삼아 시작하는 것은 이치에 맞는다고 할 수 있습니다. 왜일까요? '아름다움'이라는 말을 들으면 예술작품이나 외모 등이 떠오를 것입니다. 그러나 미는 예술이나 외면적인 특징에 그치는 것이 아닙니다. 예를 들어, 다른 사람을 돕는 행위나 도덕적인 행위에서도 느껴질 수 있고, 나아가 수학이나 우정 등 형태를 가지지 않는 추상적인 세계에서도 나타납니다. 미는 다양한 장면에서 우리의 행동이나 판단, 그리고 마음의 상태에 영향을 미치는 중요한 요인이라고 할 수 있습니다.

만약 아름다움이 겉모습에서만 찾아지는 것이었다면, 인류가 이렇게 오랫동안 깊이 계속 탐구하는 일은 없었을 것입니다. 그러므로 미가 우리에게 알려주는 것, 미를 연구함으로써 얻게 되는 것은 단순히 우리가 무엇을 아름답다고 느끼는가 하는 문제뿐만 아니라 우리가 무엇을 옳다고 판단하는지, 무엇을 바람직한 것으로 좋아하는지, 우리 자신에 대한 이해와 연결된다고 할 수 있습니다. 마음 작용의 한가운데에 있는 것 같은 지극히 인간다운 감성과 최첨단의 생명과학인 뇌과학이 만나는 장소에서 뇌가 미나 추에 어떻게 반응하는지, 또 예술의 창조에 뇌가 어떻게 관련되어 있는지, 그러한 연구를 수행하는 흥미진진한 새로운 학문이 신경미학입니다.

신경미학은 탄생한 지 20여 년밖에 되지 않은 비교적 새로운 분야이지만, 미적 경험이나 예술에 대한 인지신경과학적 · 심리학적 접근은 각국의 연구 기관에서도 중요시되고 있습니다. 현재 유럽과 북미를 중심으로 런던대학교(유니버시티칼리지, 골드스미스칼리지, 시티칼리지), 빈대학교, 막스플랑크연구소, 뉴욕대학교, 존스홉킨스의과대학, 듀크대학교, 펜실베이니아대학교 등 주요 대학 및 연구 기관에 연구 강좌나 연구소가 개설되어 있습니다. 2018년부터는 런던대학교 골드스미스칼리지 심리학부에 정식으로 이 분야를 이수할 수 있는 석사과정["예술, 신경미학, 창의성의 심리학(Psychology of the Arts, Neuroaesthetics and Creativity)"]도 개설하여[1] 앞으로 한층 더 발전할 것으로 기대되고 있습니다.

2.
주관과 객관

좀 더 구체적으로 신경미학에서 어떤 것을 연구하고 있는지 말씀드리겠습니다. 먼저, 말해두어야 할 것이 있습니다. 이 책은 미나 예술 자체에 대해 이야기하지는 않는다는 것입니다. 왜냐하면 신경미학은 '아름다움이란 무엇인가?', '예술이란 무엇인가?'를 설명하려고 하는 것은 아니기 때문입니다. 신경미학에서 다루는 문제는 실제로 매우 한정된 것입니다. 그것은 '아름다움의 체험은 우리에게 어떠한 영향을 미치는가?', '어떠한 뇌 활동이 우리의 미 체험과 관련되어 있는가?', 또는 '어떠한 뇌 작용이 우리에게 미의 감각을 발생시키는가?'라는 문제입니다. '미를 경험하는' 것은 일종의 감각이라고 할 수 있습니다. 그리고 그런 감각을 가짐으로써 비로소 우리는 '아름다움이란 무엇인가?'라는 질문에 대해 생각할 수 있습니다. 신경미학은 우선 감각 자체에 대응하는 뇌의 작용을 해명하는 데서 시작됩니다.

그러나 아름다움을 뇌과학으로 연구한다는 것이 여전히 이상하게 들릴지도 모릅니다. 왜냐하면 앞에서도 잠깐 언급한 대로 미의 경험은 그 대부분이 우리 한 사람 한 사람 마음의 내면에 있는 주관적인 것으로 받아들여져왔기 때문입니다. 여기서 키워드가 되는 것은 '주관성'과 '객관성'입니다. 주관성의 문제는 전통적으로 철학이나 미학 같은 인문학 분야에서 다루어져왔습니다. 그리고 아름다움이라는 감성에 대한 문제도 수세기 동안이나 인문학의 세계에서 깊이 있는 논의가 이루어져온 반면, 그동안 과학에서는 제대로 된 연구 대상으로 취급되어오지 않았습니다. 그래서 당연히 다음과 같은 의문이 떠오를 거라고 생각합니다.

'신경과학은 주관적 경험을 연구할 수 있는가?'

바꾸어 말하면, 예술이나 음악에서 느끼는 '아, 참 아름답다'라는 감각을 애초에 과학에서 사용되는 방법으로 과학의 대상으로서 연구할 수 있는 것인가? 이것은 당연한 의문입니다. 왜냐하면 아름다움은 극히 주관적인 체험이며, 그리고 주관성은 그것을 경험하는 누군가의 마음 내면에 있는 것으로, 밖에서 다른 사람이 들여다볼 수 없기 때문입니다. 즉, 미가 가지는 주관성은 원리적으로 외부에서의 객관적인 측정을 받아들이지 않는 성질이 있습니다. 이것을 '정성적' 데이터라고 할 수도 있습니다. 한편, 과학은 '사실'을 다루는 학문입니다. 그리고 '사실'은 객관적인 측정에 의해 얻어진 '정량적'인 데이터가 분석 및 공유됨으로써 축적되어갑니다. 과학은 이렇게 객관성의 축적에 의해 발전해왔습니다. 즉, 과학은 원칙적으로 측정에 입각해 있다고 할 수 있습니다. (아니, 과학은 호기심과 탐구심에 입각한다고 생각할지도 모릅니다. 맞는 말입니다. 하지만 그 호기심을 만족시키는 수단으로서 측정이 필요합니다.) 그러므로 측정할 수 없는 사물을 과학적 방법으로 연구한다는 것은 매우 어려운 일입니다. 주관성은 과학의 손아귀에서 계속 벗어나 있었다고 할 수 있겠지요.

3.
뇌에서 주관성을 조사하다

여러분이 지금 느끼는 책의 감촉, 페이지에 반사되는 조명 색깔, 종이 냄새 등은 모두 여러분의 주관적 체험입니다. 하지만 그것이 정말로 거기에 있는 현실일까요? 보이는 것이니 물론 거기에 있을 것이라고 생각할지도 모릅니다. 그러나 사실 우리가 바라보고 있는 바깥 세계가 실재라고 생각하는 것은 커다란 오해라고 할 수 있습니다. 우리의 시각, 후각이나 촉각, 외부 세계를 파악하기 위한 '감각 지각'이 현실 세계를 그대로 비추고 있지는 않습니다.

예를 들어, 〈그림 1.1〉을 보세요. 이것은 '앤더슨 착시'라는 것으로, 2005년에 발표된 밝기 지각의 착각입니다.[2] 좌우에 있는 4개의 원을 비교해보면 분명히 오른쪽이 밝게 보이지요? 그러나 양쪽은 완전히 똑같은 밝기입니다. 이러한 착시는 우리의 주관적 판단이 결코 객관적인 바깥 세계의 '베끼기'가 아니라는 좋은 사례입니다. 감촉도, 색깔도, 냄새도 물리적인 실재가 아니라 눈에 들어온 정보, 즉 광자나 비강에 들어온 화학물질을 우리의 뇌가 '번역'한 결과

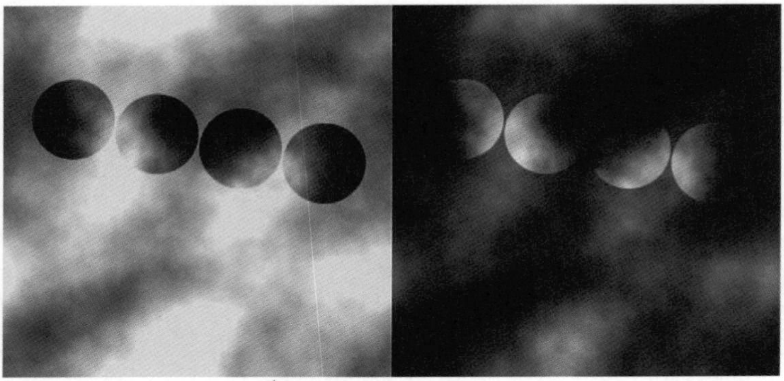

그림 1.1 앤더슨 착시. 왼쪽 4개의 원은 어둡게, 오른쪽 4개의 원은 밝게 보이지만, 실제로는 모두 똑같은 밝기다. (Anderson & Winawer, *Nature*, 2005에서 수정)

입니다. 우리가 체험하는 다양한 주관성은 모두 그 원리 안에 있다고 할 수 있습니다. 그리고 아름다움이나 사랑도 예외는 아닙니다.

왕년의 영화 스타로 오스카상에도 이름을 새긴 리 마빈이라는 미국인 배우가 있었습니다. 그는 거친 액션으로 관객의 마음을 두근거리게 했을 뿐만 아니라 우리의 주관성에 대해서도 재미있는 말을 남겼습니다. 첫 번째 아내와 이혼 조정에 임한 마빈은 "상대를 얼마나 사랑했는가?"라는 질문에 이렇게 답변했다고 합니다. 애정이 "결코 탱크의 절반을 넘지 않았다(Never got beyond half a tank)"며, 실제로 느끼지만 눈에 보이지 않고 측정할 수 없는 마음 상태를 가솔린 탱크의 게이지로 표현했습니다. 다시 말해, 볼 수 없는 주관성을 정량적으로 나타내려 했다고 할 수 있습니다. (애정이 절반도 없었다는 것은 유감스러운 일이라고 할 수 있지만요.)

마빈의 시대부터 20년이 지난 1990년대 후반에 이르러 뇌과학은 변혁을 맞이하게 되었습니다. 여기에는 1990년대 초부터 급속히 기술 발전을 이룬 '뇌 기능 영상'이 큰 역할을 했습니다.

뇌 기능 영상이란 EEG(뇌전도)나 PET(양전자 단층 촬영법), fMRI(기능적 자기공명 영상법) 등 두개골을 열지 않고('비침습적'이라고 함) 머리 밖에서 인간 뇌의 활동을 조사할 수 있는 것입니다. 뇌 기능 영상의 등장은 인간의 정신 활동과 뇌 활동의 관계를 찾는 연구에 큰 변화를 가져왔습니다. 특히 1990년대 후반에 개발된 뇌 혈류의 변화를 조사할 수 있는 fMRI와 BOLD 촬영법은 인간의 뇌 기능을 연구하는 인지신경과학에 큰 진보를 가져왔고, 지각, 인지, 정동이나 행위에 대응하는 뇌의 활동 및 중요한 뇌 부위가 발견되었습니다. 이에 따라 연구자들은 간접적이긴 하지만 인간 뇌의 활동과 작용을 외부에서 관찰하고 측정하는 것이 가능해졌습니다.

뇌의 활동과 정신을 완전히 분리하는 극단적인 '심신 이원론'을 배제하면 우리가 느끼는 주관적 체험은 모두 뇌 활동의 산물이라고 생각됩니다. 적어도 개인 수준에서는 반드시 대응하는 신경 활동이 있다고 할 수 있습니다. 어떤 감정, 사고, 애정이나 증오도 신경 활동과 결부되지 않은 것은 없습니다. 이 생각을 따른다면 신경 활동은 지각에서 감정, 기억까지 포함하는 가운데 아름다움이나 추함이라는 감성적 경험도 포함할 수 있을 것입니다. 그렇다면 아름다움의 경험에도 신경과학적 기반이 있으며, 뇌의 작용을 연구함으로써 지각이나 인지를 조사하는 것과 마찬가지로 미의 경험에 대해서도 검토하는 것이 가능하다고 생각합니다. 이 생각에 근거해서 지금까지 주로 철학과 미학에서 다뤄온 인간다운 주관적인 마음 상태에 관한 뇌 기능의 해명에 도전하고 있는 분야를 '신경미학'이라고 정의할 수 있을 것입니다.

4.
신경미학이 다루는 범주

철학에서는 아름다움과 추함, 숭고함, 비장함이라는 주관적 체험을 '미적 범주'라고 부릅니다. 이 책에서는 이러한 미적 범주를 포함한 개념으로 좀 더 폭넓은 '감성적 경험'에 대해 생각해봅시다.

이 책에서는 감성적 경험을 "회화나 음악 등의 자극 대상과 그 자극을 관찰하는 우리 인간 사이에서 일어나는 다양한 상호작용에 의해 생겨나는 심리적 과정"이라고 정의합니다. 이러한 심리적 과정에는 지각, 인지, 감정, 평가나 판단, 그리고 사회적 측면 등 모든 측면이 포함됩니다.

물론 감성적 경험은 아름다움에 한정되는 것이 아닙니다. 이 책에서도 추나 숭고, 비애 등에 대한 연구를 나중에 소개해나가겠습니다.

또한 감성적 경험이라는 말을 들으면 예술을 떠올리는 분도 많을 거라고 생각하지만, 이 둘의 관계에 대해서는 조금 주의할 필요가 있습니다. 여기서 회화나 음악을 '예술작품'이 아닌 '자극 대상'

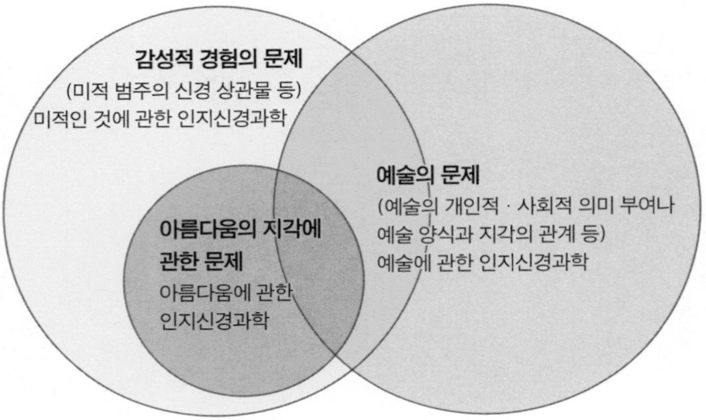

그림 1.2 신경미학의 세 가지 하위 분류

이라고 표현한 것은 감성적 경험을 줄 수 있는 것은 예술작품만이 아니기 때문입니다. 예술이 포함하는 범위보다 훨씬 더 넓은데, 예를 들면 자연이나 생물, 심지어는 구체적인 사물이 아닌 도덕이나 관념도 포함할 수 있습니다. 회화, 조각, 음악, 가극, 무대, 문학, 시, 디자인, 건축, 용모, 풍경, 음식, 그 밖의 많은 일상생활 물건 등 예를 들자면 끝이 없을 정도로 우리는 폭넓은 자극 대상으로부터 감성적 경험을 얻을 수 있습니다.

거꾸로 말하면, 예술의 감상과 창작에 관계되는 경험과 인지는 감성적 경험에만 한정되는 것도 아닙니다. 양쪽은 밀접한 연결고리가 있고 중복되는 면이 많다고 해도 구별할 필요가 있습니다.

그러므로 신경미학이 포괄하는 영역은 대략 〈그림 1.2〉와 같이 분류할 수 있습니다.[3] 신경미학은 감성적 경험에 대한 인지신경과학적 · 진화생물학적 연구와 예술의 인지와 창작에 대한 연구입니다. 아름다움에 대한 연구는 주로 전자에 포함됩니다. 이 틀은 신경미학뿐만 아니라 이 주제를 다루는 어떤 분야에서든 고려되어야 한다고 할 수 있겠지요.

또한 무엇을 아름답다고 간주하는지는 문화에 따라서도 다르고, 같은 문화권에서도 개인 한 사람 한 사람의 지식이나 경험에 따라서도 물론 달라집니다. 이와 같이 다양한 매체를 가지는 아름다움이라는 감각을 연구하기 위해서는 마찬가지로 다양한 실험 및 연구 방법이 있어야 합니다. 그리하여 신경미학은 약 24년 전에 출발하여* 19년 전(2004년)에야 최초의 뇌 기능 연구 과학 논문이 발표된 젊은 학문 분야임에도 실로 다양한 종류의 연구를 아우르고 있습니다.

그러면 조금 전과는 다른 관점에서 그 연구를 대략 두 가지로 분류해보겠습니다. 하나는 '외관상 아름다움의 특징'에 대한 연구 분야, 또 하나는 '미의 경험이 우리에게 미치는 영향'에 대한 연구 분야입니다. 전자는 (작가가 의도했는지 그렇지 않은지에 관계없이) 예술작품 표현에 이용되는 인간 지각의 구조를 실험심리학이나 인지심리학

* [역주] 1999년 세미르 제키가 출판한 『이너비전』은 '신경미학'의 명칭과 주제 및 방법을 처음으로 구체화하여 소개한 첫 저작이다. (Semir Zeki, *Inner Vision: An Exploration of Art and Brain*, Oxford University Press, 1999; 세미르 제키, 『이너비전: 뇌로 보는 그림, 뇌로 그리는 미술』, 박창범 옮김, 시공아트, 2003)

의 실험 방법과 이론으로 조사하여 해독해가는 연구입니다. 이것은 1990년대 후반의 비교적 초기부터 행해지고 있는 신경미학 분야라고 할 수 있으며, 19세기의 실험미학까지 거슬러 올라갈 수 있는 연구입니다(Box 1). 후자는 뇌 기능 영상을 이용하여 감성적 경험과 예술적 창조성에 관련된 뇌 기능을 조사하고, 뇌 손상 연구나 실험심리학 및 발달심리학 실험 등의 연구 결과와 맞추어봄으로써 뇌 활동과 주관성의 관계를 검토하는 분야입니다. 이 두 가지 분야는 바꿔 말하면 '시각 정보로서 물체의 특징을 분석하는' 과정과 '그에 따라 얻은 시각 정보에 대해 어떻게 느끼는지 평가나 판단을 내리는' 과정의 구분이라고도 할 수 있습니다. 전자는 명암이나 색채, 운동, 텍스처나 깊이, 원근 표현 등 자극 특징에 기초를 둔 시각 정보의 분석과 재구성에 대한 연구입니다. 한편, 후자의 '받아들인 시각 정보에 대해 어떻게 느끼는가'의 문제에 관해서는 분석된 시각 정보의 인지적 · 감정적 평가와 감성적인 가치 부여에 초점을 맞추는 연구가 수행됩니다.

신경미학은 크게 위의 두 가지 연구로 나뉩니다. 이 책에서는 특히 후자의 뇌 기능 영상을 이용한 최근 10여 년간의 신경미학, 주관적 가치 경험에 관한 인지와 뇌의 작용이나 뇌 안의 기제에 대한 연구를 중심으로 이야기를 해나갑니다. 또한 이 책에서는 주로 시각이나 시각예술로 초점을 좁혀가려고 합니다.

'예술 = 아름다움'이라는 단순한 도식은 예술을 다루는 현대의 미학이나 예술철학에서는 이미 성립되지 않는 말이 되었다는 점도 주목할 필요가 있습니다. 하지만 그렇다고 해도 여전히 예술을 감상하는 많은 사람이 찾고 끌리는 것의 중심에 아름다움이 있다는 것도 확실한 일일 것입니다. 신경미학도 처음에 미의 경험에 대한 뇌 활동 및 뇌 기능의 연구에서 시작되었습니다.

그럼 신경미학을 간단히 소개했으니 먼저 가장 가까운 '눈'과 '귀'라는 감각기관을 통해 경험되는 아름다움부터 시작해봅시다.

실험미학과 신경미학

지각 및 인지와 미적 경험의 관계를 과학의 대상으로서 연구한 것은 신경미학이 처음은 아닙니다. 실험미학은 그보다 훨씬 전인 19세기에 정신물리학의 시조로 유명한 구스타프 테오도르 페히너의 『미학 입문*Vorschule der Aesthetik*』(1876)에서 출발합니다. 자극의 시각 특징과 감성적 경험의 관계를 정신물리학(psychophysics)적 방법으로 연구하는 학문입니다. 복잡한 감성적 경험을 하나의 변수로 설명하고 공통의 요소를 발견함으로써 다양한 감성적 경험을 정식화하려고 시도한 것입니다. 페히너는 이것을 '아래로부터의 정신물리학'이라고 불렀습니다.

그러나 페히너에게 더 중요한 목적은 자극에 대한 반응이나 행동의 배후에 있을 신경 활동과의 관계를 설명하는 것이었습니다. 그리고 그것은 '아래로부터의 정신물리학'에 대한 '위로부터의 정신물리학'의 하나의 목표이기도 했습니다.

당시에 뇌의 활동을 외부에서 측정하는 것은 기술적으로 불가능했지만, 비침습적인 뇌 기능 영상법과 인지신경과학의 발달에 따라 실험미학이 목표로 삼는 실증성은 현재 신경미학으로 계승되었다고 할 수 있습니다.

Ⅱ

보이는 아름다움과 들리는 아름다움

1. 아름다움의 난제
2. 클라이브 벨의 질문
3. 보이는 아름다움
4. 들리는 아름다움

2 뇌로부터 '아름답다'를 추정하다

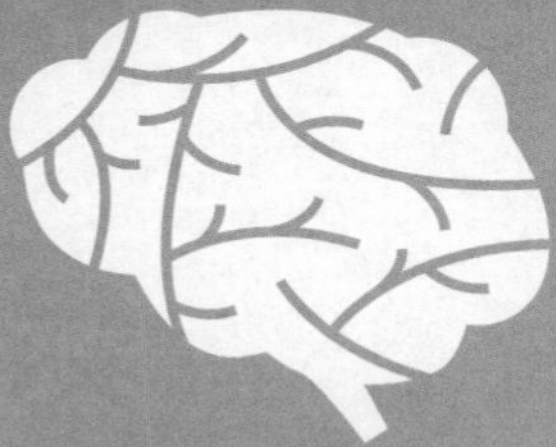

1. 아름다움의 난제

"아름다움은 눈이 판단해서 사 간다."

Beauty is bought by the judgment of eye.

- 셰익스피어, 『사랑의 헛수고』

봄은 새벽, 여름은 밤, 가을은 해 질 녘, 겨울은 이른 아침. 세이 쇼나곤이 그녀의 감성으로 지은 마음이 끌리는 것들입니다. 여러분은 어떻습니까? "아름답다고 생각하는 것을 몇 개 제시하라"고 하면 어떻게 대답하시겠습니까? 바다의 해넘이, 마음에 드는 그림, 좋아하는 사람의 얼굴입니까? 우정이나 정의도 아름다운 것이네요. '아름답다'라는 형용사로 묶을 수 있는 것에 대해서는 사람마다 다른 다양한 대답이 존재한다고 생각합니다. 게다가 내가 아름답다고 생각하는 그림을 어쩌면 당신은 반대로 추하다고 느낄지도 모릅니다.

첫머리 문장은 셰익스피어 희곡의 한 구절입니다. '아름다움은

(사물 자체에 있는 성질이 아니라) 보는 사람 나름'이라는 의미입니다. "여뀌를 먹는 벌레도 있다"라는 일본 속담*이 감각적으로 더 와닿으려나요? 모두 각각 자기 취향의 미가 있고, 그것은 다 제각각이라는 것입니다.

그런데 여러분이 자신의 취향(미)으로 여러 가지 사물에 대해 "이것은 아름답다, 이것은 아름답지 않다"고 선택해왔다고 합시다. 여러분은 선택된 '아름다운 것들'을 보고 자신이 아름답다고 느끼는 것을 정의할 수 있습니까? 무언가를 정의할 때 가장 간단한 방법은 '공통적인 성질'을 보여주는 것입니다. 당신의 미에 공통적인 것이 있나요? 이것은 사실 매우 어려운 문제입니다. 예를 들어 '얼굴의 아름다움'만을 놓고 생각하면 자기 취향에 맞는 타입이 있을지도 모릅니다. 다시 말해 눈과 코의 거리나 배치, 피부색, 볼의 높이 따위에서 공통된 패턴을 찾을지도 모릅니다. 하지만 당신이 아름답다고 생각하는 얼굴의 조형적 구성은 제가 아름답다고 생각하는 패턴과 다를지도 모릅니다.

그리고 그 얼굴에 대한 아름다움의 정의(또는 조형의 파라미터)를 다른 종류의 아름다움을 정의하는 데 적용할 수 있는가 하는 문제도 있습니다. 예를 들면 풍경화의 아름다움에 적용할 수 있을까요?

---

* [역주] 여뀌는 냇가나 들판에서 흔히 볼 수 있는 야생초 중 하나다. "여뀌를 먹는 벌레도 있다"라는 말은 벌레가 먹을 풀이 매우 다양하고 많은데도 하필 여뀌를 먹는 것이 있다는 의미다. 일본인들은 사람들의 입맛이나 취향이 제각각이라는 뜻으로 이 속담을 인용한다.

음악의 아름다움에는 적용될까요? 이건 분명히 어려운 문제라고 생각합니다.

'그건 당연하지 않은가? 얼굴의 미는 얼굴의 미이고, 음악은 별개의 아름다움이니까'라고 생각할지도 모르겠습니다. 맞습니다. 하지만 바로 거기에 아름다움 연구의 어려움이 있습니다. 즉, 우리가 아름다움을 느끼는 모든 사물에 공통적인 성질을 찾아내지 않는 한 아름다움을 정의할 수 없습니다. 얼굴의 미에 공통적인 것이나 색의 미에 공통적인 특징을 정의한다면 그 특징이 다른 모든 아름다움에도 적용될 필요가 있는데, 이것은 거의 불가능한 문제라고 생각됩니다.

2.
클라이브 벨의 질문

미학자나 철학자, 미술사학자들도 오랫동안 이 문제를 생각해왔습니다. 플라톤까지 거슬러 올라가 보면, 무려 2천 년 이상이나 인간에게 아름다움을 느끼게 하는 물건이나 사건에 뭔가 공통된 요소는 없는지에 대해 논의해왔습니다. 만약 모든 아름다운 사물의 공통항을 안다면 이 공통된 특징을 가지고 있는 것을 일단 아름답다고 정의할 수 있으니까요.

20세기 초 영국의 미술평론가이자 미학자 클라이브 벨도 그렇게 생각한 사람 중 하나였습니다. 벨은 자신의 저서 『예술*Art*』(1921)에서 아름다움에 대해 다음과 같은 질문을 남겼습니다.

> “성 소피아 대성당, 샤르트르 대성당의 스테인드글라스, 멕시코의 조각, 페르시아 도기, 중국의 융단, 조토의 프레스코화, 푸생, 피에로 델라 프란체스카, 그리고 세잔. 어느 것이든 똑같이 ‘미의 감정’을 환기시키지만 지극히 다양한 예술작품에 공

통적인 것은 도대체 무엇일까? 그것을 찾아낼 수 있다면 미학의 큰 문제 하나에 답을 내놓을 수 있을 것이다. 무언가 있을 것이다. 만약 공통의 무언가가 존재하지 않는다면 예술의 아름다움에 대해 논의하는 것은 완전히 무의미해지기 때문이다."[4]

예술작품의 형식적인 요소를 중시하는 형식주의 비평으로 유명한 벨은 작품 그 자체에서 모든 시각 예술의 미에 공통적인 '유일한 공통항'을 발견하려고 논의를 전개한 것입니다. 그러나 우리가 아름다움을 발견하는 대상은 너무나 폭넓고 너무나 다양하므로 이러한 철학적인 시도가 지금까지 성공을 거두었다고는 말할 수 없을 것입니다. 한 사람 한 사람이 각기 다른 미의 기준을 가지고 있고, 각 개인의 미의 기준마저 성장이나 경험, 그때그때의 상황에 따라 변화해가는 것입니다. 벨 자신도 '의미 있는 형식(significant form)'이라는 모호한 표현을 사용하는 데 머물러서 구체적인 답을 보여주지 못했습니다. 역시 아름다움을 한데 묶는 것은 매우 어려운 시도입니다.

이처럼 모호하고 정의하기 어려운 것이 '아름다움'이라는 감각이지만, 동시에 우리는 그것을 아주 일상적인 개념으로 잘 알고 있습니다. 아름다움이라는 말을 들으면 '좋은 것'이고 '유쾌한 것'이며, '가치 있는 것'이고 '추와 대비되는 것'이라는 공통의 이해를 가지고 있습니다. 그리고 아름다움이 불러일으키는 기분이나 가치를 알고 공감도 하고 있습니다. 즉, 아름답다고 느끼는 대상이 여러분과 저 사이에 다르다고 해도 아름다움에 대해 품는 감정은 대체로 공통적이라고 생각할 수 있습니다. 아름다운 것을 앞에 두거나 아름다운 것을 생각할 때 우리 마음에 생겨나는 느낌은 서로 비슷하다고 말할 수 있을 것입니다. 그래서 이러한 발상에 따라 벨의 미학적 문제를 다음과 같이 새롭게 질문해봅시다.

> "다양한 종류의 아름다운 예술작품에 공통적인 것은 무엇인가?"
>
> ↓
>
> "다양한 종류의 아름다운 예술작품을 접했을 때 **공통적으로 일어나는 마음의 상태**는 무엇인가?"

현대 과학에서 우리가 느끼는 주관적 경험은 모두 뇌 활동의 산물이라고 생각하는 것이 공통의 이해입니다. 적어도 개인 수준에서 보면, 인간의 모든 활동에는 반드시 대응하는 신경활동이 있습니다. (어떤 지각에 따라 어떤 뇌 활동이 일어나는 것을 그 지각과 그 뇌 활동이 '상관'한다고 말합니다.) 어떤 심적 상태에 대응하는 신경활동이 있다면 이 질문을 다음과 같이 뇌과학의 질문으로 바꿔 말할 수 있습니다.

> "다양한 종류의 아름다운 예술작품을 감상하고 있을 때 **공통적으로 일어나는 뇌의 반응**은 무엇인가?"

그러한 뇌 활동은 있는 것일까요? 벨이 말한 것과 같은 도기의 아름다움이나 건물의 아름다움, 인물의 아름다움 등 다양한 종류에서 느끼는 아름다움에 뇌는 똑같이 반응하고 있는 것일까요?

이것을 알기 위해서는 실제로 여러 종류의 자극을 관찰하면서 아름다움을 느끼는 인간의 뇌 활동을 기록하여 그 기능을 조사할 필요가 있습니다. 19세기에 페히너 등이 다양하고 애매모호해 보이는 미적 지각 속에서 일정한 규칙을 발견하려고 한 것처럼 신경미학이 처음으로 몰두한 주제 중 하나는 가지각색의 대상으로부터 얻을 수 있는 아름다움이라고 하는 심적 상태에 특정한 공통적 뇌 반응이 관계되어 있는가 하는 것이었습니다.

3.
보이는 아름다움

클로드 모네,
〈수련〉,
1897–1899.

당신은 지금 클로드 모네의 〈수련〉 앞에 서 있습니다. 연기가 나는 것처럼 빛의 홍수로 가득한 아름다운 한 장의 그림. 이때 당신의 뇌가 어떻게 작용하고 있는지 들여다봅시다.

뇌에는 시각 정보를 전문으로 처리하는 '시각피질'이라는 부위가 있습니다. 바로 뒤통수의 아래쪽 부근입니다. 시각피질 내에서는 뇌의 '기능적 국재화'라고 불리는 특징을 볼 수 있습니다. 이것은 어떤 뇌의 부위는 어떤 특정한 기능이 있다는 성질에서 이름 붙여졌습니다. (실제로는 하나의 부위가 하나의 역할만 담당하고 있는 것이 아니라 하나의 부위에 여러 기능이 있습니다.)

지금까지의 연구로 얼굴의 정보처리는 방추상회 얼굴 영역, 풍경이나 건물에 대해서는 해마방회 장소 영역, 또 복잡한 도형이나 물체에는 외측 후두복합부라는 부위가 전문적으로 작용한다는 것이 밝혀졌습니다(그림 2.1). 〈수련〉에 그려져 있는 지베르니의 정원 풍

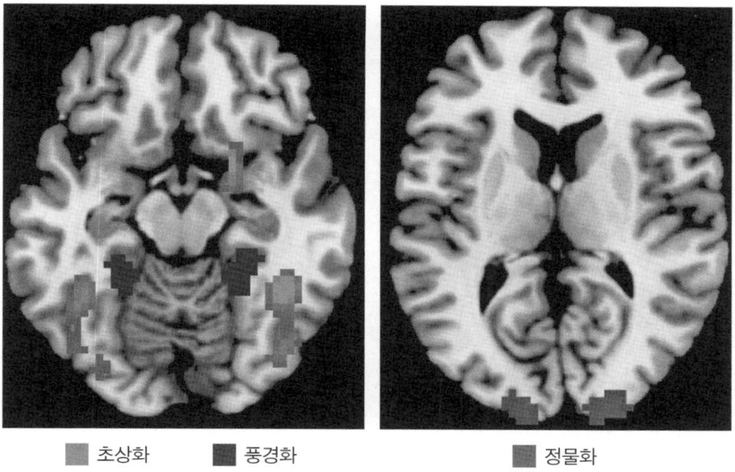

그림 2.1 초상화, 풍경화, 정물화를 보고 있을 때의 뇌 활동. 왼쪽이 초상화(방추상회 얼굴 영역)와 풍경화(해마방회 장소 영역), 오른쪽이 정물화(외측 후두복합부)를 보고 있을 때의 뇌 활동 모습이다.

↘ p.c01

경, 아치교를 보고 있는 당신의 뇌 안에서는 해마방회 장소 영역이 특히 활동하게 됩니다. 만약 〈파라솔을 든 여인〉을 보고 있다면 방추상회 얼굴 영역이 특히 작용하고 있을 것입니다. 이 시각피질 내의 기능적으로 국재화된 영역들이 각각 초상화, 풍경화, 정물화라는 고전 회화 장르에 대응하고 있다는 점이 재미있습니다.

클로드 모네, 〈파라솔을 든 여인〉, 1875.

자, 그렇다면 아름다움의 경험에 관계하는 뇌 부위는 어떻게 찾으면 좋을까요? 그것은 다음과 같이 연구할 수 있습니다. 우선, 같은 주제의 그림을 준비하여 한쪽은 아름다운 것, 예를 들면 〈파라

크벤틴 마차이스, 〈추한 공작부인〉, c. 1513.

솔을 든 여인〉이라고 합시다. 그리고 다른 한쪽은 아름답지 않은 '추하다'고 느끼는 그림으로 합니다. 예를 들면 크벤틴 마차이스의 〈추녀의 초상〉*이려나요? 그리고 각각의 그림을 보고 아름다움과 추함을 느끼고 있을 때의 뇌 활동을 기록합니다. 그 두 가지 뇌 활동의 차이를 살펴보면 둘 다 초상화이므로 얼굴에 관계하는 방추상회의 활동을 제외한 남은 활동이 아름다움의 경험에 관계하고 있는 활동으로 드러날 것입니다. 이러한 대비에 의한 뇌 활동 연구 방법을 '인지 대조법'이라고 합니다.

기본적인 fMRI 실험에서는 특정 감각자극이나 심적 상태(여기서는 미나 추의 경험)에 대해 MRI의 신호강도에 차이가 나는 뇌 부위를 조사하는 '뇌 기능 매핑'이라는 방법이 자주 사용되어왔습니다. 뇌의 어느 부위가 어떤 기능에 관계하고 있는지를 대응시켜 매핑하는, 말 그대로 '뇌 지도' 만들기입니다. 인지 대조법은 뇌 기능 매핑의 가장 기본적인 방법입니다. 반대 방향의 대조를 통해 거꾸로 추함에 대한 뇌 활동을 조사할 수도 있습니다.

지금까지 초상화, 풍경화 등 구상 회화, 그리고 추상화, 사진 등을 사용한 연구를 시행한 결과, 아름다움을 느낄 때의 뇌 활동을 알게 되었습니다. 실험 참가자가 '아름다움'을 느끼고 있는 경우에만 전두엽의 하부, 미간 위 부근에 위치하는 뇌 부위인 '내측 안와전두

---

* [역주] 저자가 언급하는 크벤틴 마차이스(Quentin Matsys)의 작품의 원제는 〈추한 공작부인(The Ugly Duchess)〉으로, 1513년경 제작되었다.

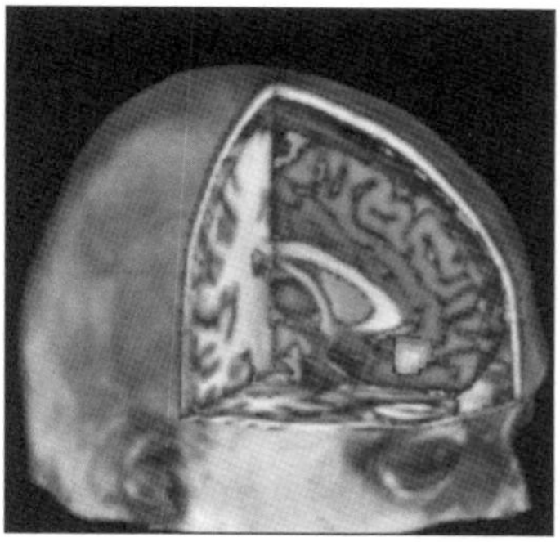

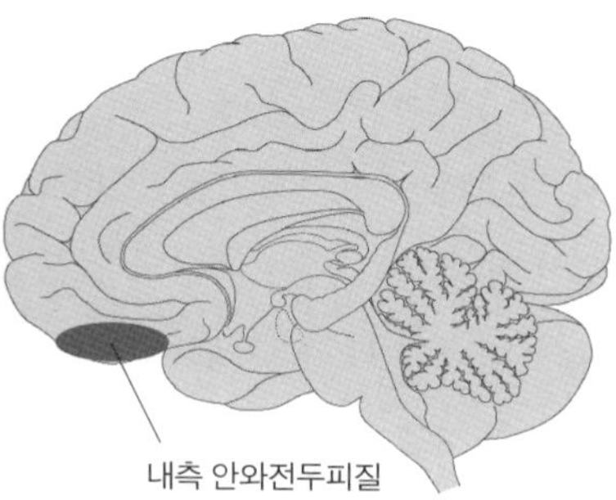

그림 2.2 내측 안와전두피질의 활동과 뇌 안의 위치

p.c02

피질(medial orbitofrontal cortex)'이라는 부위가 활동한다는 것이 밝혀진 것입니다(그림 2.2).[5][6] 내측 안와전두피질은 추함을 느끼고 있을 때나 아름답지도 추하지도 않은 그림을 보고 있는 경우에는 활동하지 않거나 혹은 매우 낮은 활동을 보였습니다. 인물화든 풍경화든 정물화든, 아니면 추상화든 회화의 장르에 관계없이 아름다움을 느끼면 항상 공통적으로 활동한다는 것도 알게 되었습니다. 이런 결과들로 미루어 이 뇌 활동은 특정한 회화 장르를 관찰하고 있는 데 대한 반응이 아니라 참가자의 특정한 내적 상태, 즉 아름다움을 느끼는 상태에 관계하는 뇌 활동이라고 판단할 수 있습니다. 이 보고는 2004년에 발표되었지만, 그 후의 연구로 다른 종류의 시각 자극, 예를 들면 자연 풍경이나 건축물에서 아름다움을 느낄 때도 내측 안와전두피질이 활동하는 것을 알게 되었습니다.

여기에 나온 내측 안와전두피질은 미간의 위, 전두엽 앞부분(전전두피질) 밑에 있는 넓은 영역의 뇌 부위입니다. 쾌감이나 보상, 동기에 관계하는 신경전달물질인 도파민에 관련된 신경세포가 집중된 보상 체계라고 불리는 뇌의 일부입니다. 지금까지의 연구로 아름다움의 경험에 따라 그 밖에도 복측 선조체나 미상핵 등 마찬가지로 보상 체계에 포함된 부위가 활동한다는 것이 알려져 있습니다. 이로부터 아름다움과 즐거움 및 보상이 결합한다는 것을 볼 수 있습니다. 단, 양자의 관계는 그렇게 간단히 결론지을 수 없는 복잡한 문제라고도 할 수 있습니다. 이 점에 대해서는 VII장과 VIII장에서 다시 살펴보기로 하겠습니다.

자, 이제 결과를 보았으니 원래의 질문으로 돌아가 봅시다.

> '다양한 종류의 아름다운 작품을 감상하고 있을 때 공통적으로 일어나는 뇌의 반응은 무엇인가?'

위에서 설명한 대로 '공통적으로 내측 안와전두피질이 활성화된다'고 대답할 수 있습니다. 물론, 이 답변만으로는 '예술작품의 어떤 특징이 아름다움을 불러일으키는가?'라는 질문에 대답할 수 없습니다. 하지만 벨의 문제에 하나의 답변을 제시할 수 있습니다. '모든 시각 예술의 미에 공통되는 성질'은 존재합니다. 그러나 그것은 작품의 객관적인 특징이 아니라 감상자 뇌의 특정 부위, 즉 안와전두피질을 활동하게 하는 성질이라는 것입니다. 뇌의 작용을 조사함으로써 아름다움이라는 모호하고 지극히 개인적인 경험이 특정 영역에 국한된 뇌 활동이라는 하나의 객관적인 공통성을 가지고 있다는 것을 알게 된 것입니다.

4.
들리는 아름다움

시각과 함께 청각은 예술의 주요한 매체입니다. 이 절에서는 음악의 아름다움에 대해 생각해봅시다. 제 전문 분야가 시각 인지이므로 이 책은 주로 시각에 관계된 감성적 경험이나 예술에 초점을 맞추고 있지만, 그래도 음악에 대해 언급하지 않으면 안 될 겁니다.

오페라, 오케스트라, 대중음악과 콧노래에 이르기까지 음악은 시각 예술 못지않게 우리의 생활에 밀착된 아름다움이라고 할 수 있습니다. 하지만 이탈리아의 예술비평가 리치오토 카누도(1911)가 회화와 시각 예술을 '공간 예술', 음악 및 무대 예술을 '시간 예술'이라고 구분한 것처럼 두 가지는 매우 다른 예술의 존재 방식이라고도 할 수 있습니다.*

* [역주] 일찍이 예술을 매체적 특성에 따라 공간 예술과 시간 예술로 구분한 인물은 18세기 평론가이자 극작가였던 레싱(Gotthold Ephraim Lessing)이었다. 그는 『라오콘』(1776)에서 미술과 문학을 비교하면서 전자를 장면의 가장 극적인 한순간의 장면을 표현한 공간 예술로, 후자를 시간의 흐름에 따라 사건의 과정을 기술해가는 시간 예술로 간주했다.

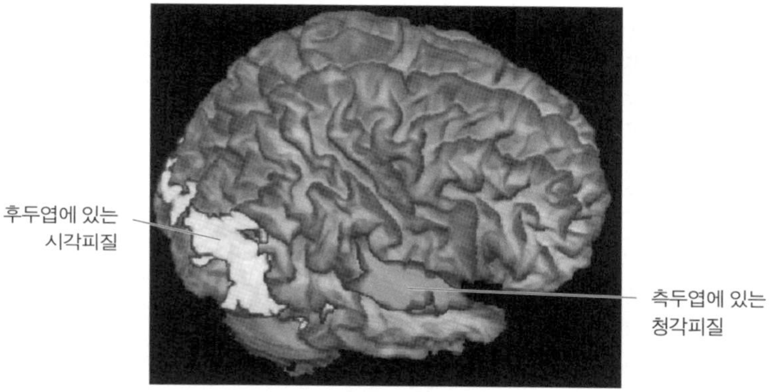

그림 2.3 후두엽에 있는 시각피질과 측두엽에 있는 청각피질

↘ p.c03

지각 정보로서의 시각과 청각의 차이는 뇌 안에서 일어나는 정보처리에서도 볼 수 있습니다. 앞에서도 살펴보았지만, 시각 정보는 주로 뇌의 뒤에 위치하는 시각피질에서 처리됩니다. 한편, 소리 정보는 주로 측두부에 있는 청각피질에서 따로 처리되고 있습니다. 이는 각각의 감각 지각 정보에 대해 뇌 안에 별개의 특별한 처리 영역이 존재한다는 것입니다(그림 2.3). 시각에는 시각 처리 경로가, 청각에는 청각 처리 경로가 있다는 것입니다.

그렇다면 아름다움에 대해서는 어떨까요? 음악에서 느끼는 미는 앞 장에서 보았던 시각적인 아름다움을 일으키는 뇌 활동과는 다른 작용 방식을 보일까요? 각각의 감각 지각에 대한 정보처리와 마찬가지로 각각의 미에 대응하는 특별한 뇌 영역이 있을까요? 아니면 무언가 공통의 시스템이 있을까요?

미와 숭고를 미학적 개념으로 체계화함으로써 이후 미학에 큰 영향을 미친 18세기 영국의 사상가 에드먼드 버크는 『숭고와 아름다움의 관념의 기원에 대한 철학적 탐구』(1757)에서 이 물음에 대해 다음과 같이 말하고 있습니다.

> "(중략) 미란 감각의 중개에 의하여 **인간의 정신에 기계적으로 작용하는** 것 같은, 사물이 가진 성질이다."
>
> –『숭고와 아름다움의 관념의 기원에 대한 철학적 탐구』[7]

버크는 아름다움이라는 것이 시각이나 청각 등 각 감각 지각을 통해 모두 같은 방식으로 인간 정신에 작용하는 것으로 생각하고 있었다고 해석할 수 있습니다. 이러한 버크의 아름다움에 대한 정의를 앞서와 마찬가지로 신경과학의 질문으로 다시 만들어봅시다. '정신'을 '뇌'로 바꿔보면 다음과 같이 말할 수 있습니다.

> "각기 다른 감각 양상으로 나타나는 아름다움은 감각 수용기를 통해 똑같이 뇌에 작용하는 것이다."

어떤 감각 지각으로부터 얻어지는 아름다움이든, 즉 음악을 감상하든 시각 예술을 감상하든 간에 뇌 안에는 양쪽에 반응하는 공

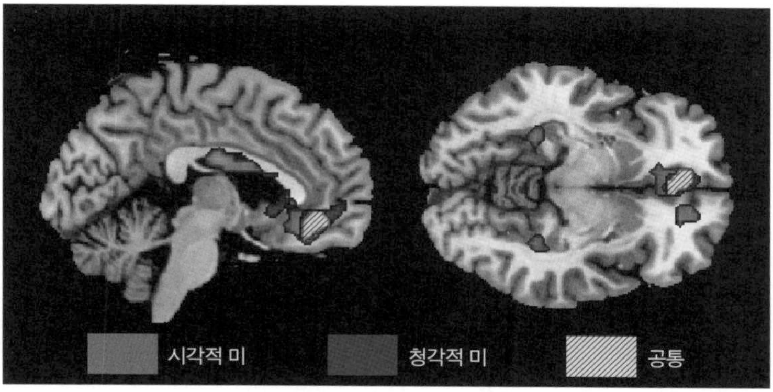

그림 2.4 시각적 미와 청각적 미에 활성화하는 부위, 그리고 두 가지 미에 공통되게 활성화하는 내측 안와전두피질을 수직과 수평으로 단층 촬영했다. 왼쪽이 정중 단면, 오른쪽이 수평 단면이다. (Ishizu & Zeki, 2011에서 수정)

p.c04

통 부위가 있다는 것입니다. 이 가설을 실험으로 검증하기 위해서는 회화 자극과 음악 자극을 이용해서 같은 사람이 음악적 미와 시각적 미를 느끼고 있을 때의 뇌 활동을 조사하고 비교해볼 필요가 있습니다.

이 실험에는 영국이나 일본, 인도 등 다양한 문화 배경을 가진 사람들이 참가했습니다. 다양한 동서양 문화의 회화(인물화, 풍경화, 정물화)와 다양한 음악(동서양의 교향곡, 현대 음악 등)을 보거나 듣고 아름다움에 대해 판단하는 참가자의 뇌 활동을 fMRI로 기록했습니다. 시각과 청각, 서로 다른 두 가지 감각 지각의 미 체험을 통한 뇌 활동을 조사했을 때 무언가 공통되는 반응이 나타났을까요?

결과를 보면 시각미와 청각미에 각각 복수의 뇌 부위, 예를 들면 시각피질이나 청각피질 등이 활동하고 있었습니다. 하지만 그중에서 단 한 곳, 내측 안와전두피질의 한 부분이 회화나 음악에 관계없이 미의 경험에 항상 반응하는 것이 발견되었습니다(그림 2.4).[8] 우리는 이 활동이 '어떤 인종의 어떠한 문화에서 자라왔는가?', '어떠한 교육을 받아왔는가?'라는 후천적인 것에 의존하지 않는다는 것도 알고 있습니다.

시각피질과 청각피질은 자극이 아름다운지 추한지에 관계없이 활동하고 있었기 때문에 각각의 감각피질에서 처리된 감각 지각 정보가 내측 안와전두피질로 전달되어 미라고 하는 가치 부여가 이루어질 가능성을 생각할 수 있습니다. 음악과 시각 예술, 즉 완전히 다른 방식으로 경험되는 두 가지 아름다움이 그 이질성과 관계없이 공통의 뇌 부위를 활성화시킨다는 것은 매우 흥미로운 발견입니다. 이 뇌 부위가 감각 지각 정보를 운반하는 매체에 의존하지 않고 '아름다움'이라는 경험을 추상화하여 다루고 있을 가능성도 있습니다.

버크는 200년 전에 이미 이러한 가능성을 알아차리고 있었는지도 모릅니다. 위에서 인용한 버크의 말을 바꿔 말하면 "아름다움은 감각의 중개에 의해 내측 안와전두피질의 활동에 기계적으로 작용하는 어떤 사물의 성질이다"라고 할 수 있습니다.

보이는 아름다움과 들리는 아름다움이라는 완전히 다르게 경험되는 두 가지 미가 내측 안와전두피질의 활동에 공통성을 가진다는 것을 소개했습니다. 물론 이 두 가지 미는 각각 특징적인 뇌 반응도 나타냅니다. 시각적 미를 지각할 때는 시각 정보처리를 하는 시

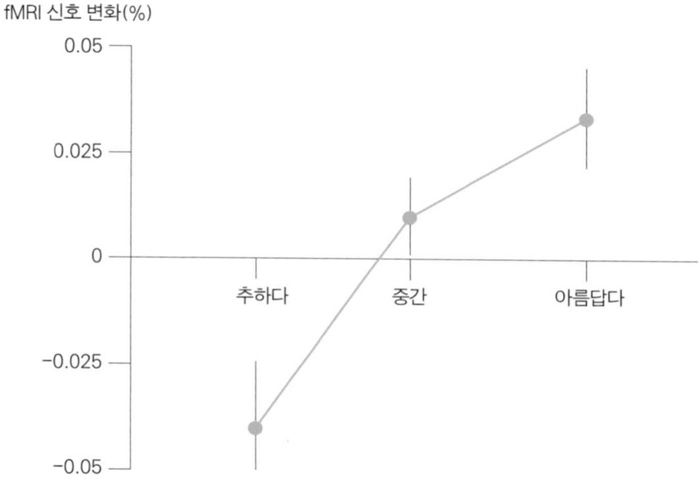

그림 2.5 아름다움 경험의 강도와 내측 안와전두피질 활동량의 관계. 경험의 강도가 올라가면 활동량도 증가한다.

각피질 이외에도 '미상핵'이라는 보상 체계의 뇌 부위가 활동합니다. 반면 청각적 미를 지각할 때는 청각 정보처리를 하는 청각피질 이외에도 운동보조 영역(리듬 지각)이나 복측 선조체(보상) 등과 같은 내측 안와전두피질 이외의 뇌 부위도 활동하는 경우가 있습니다. 즉 시각이든 청각이든 아름다움의 경험에 관계하고 있는 뇌 활동은 내측 안와전두피질뿐 아니라 그 밖의 부위를 포함하여 '네트워크'로 작용하고 있다고 할 수 있습니다.

신경미학에 대해 쓴 기사에서 가끔 내측 안와전두피질만이 미의 경험에서 활동하는 '뷰티 스폿'이라거나 '미의 요체'라는 식의 내용을 보게 됩니다. 그러나 이것은 오해라고 할 수 있습니다. 예를 들어 2011년의 연구에서도 회화를 통해 아름다움을 느낄 때는 내측 안와전두피질뿐만 아니라 시각피질이나 미상핵 같은 뇌 부위가 활동하고 있었습니다. 내측 안와전두피질은 대단히 다양한 아름다움의 경험에서 공통적으로 반응을 보이는 유일한 부위라는 점에 주의할 필요가 있겠습니다.

그런데 미에 대해 고찰할 때 중요한 문제 중 하나는 아름다움의 경험이 한 사람 한 사람의 주관적인 인상에 의지하고 있다는 것입니다. '굉장히 예쁘다'와 '엄청나게 예쁘다'와 같이 느끼는 미의 강도를 나타낼 때는 형용사에 의지하게 됩니다. 가령 느낀 미의 강도를 수치로 나타냈다고 해도(예를 들면 1~5의 5점 척도) 이는 그 사람의 주관을 단순히 숫자로 바꿔놓은 것에 지나지 않습니다. 과연 아름다움의 경험을 객관적으로 측정하는 것이 가능할까요?

지금까지 이야기한 것처럼 신경미학에서는 '아름다움을 느낄 때의 심적 상태를 그것에 관여하는 뇌 활동'이라는 객관적으로 측정할 수 있는 것으로 변환하여 다루고 있습니다. 즉, 뇌 활동은 뇌 기능 영상에 의해 객관적으로 측정할 수 있으므로 활동 강도도 측정할 수 있습니다.

실제로 지금까지의 연구에서 내측 안와전두피질 활동의 강도는 아름다움의 주관적인 경험 강도와 상관적이라는 것이 밝혀졌습니다(그림 2.5).[8] 다시 말해 아름다움의 경험이 강한 만큼 뇌 활동도 강해진다는 것입니다. 그러므로 뇌 부위의 활동 패턴을 조사함으로써 개인의 미적 경험의 깊이를 추정하는 것이 이론적으로는 가능할 것입니다.

'아름답다'라는 경험은 지극히 주관적이고 개인적입니다. 그러한 경험을 미래에 뇌 기능 영상으로 정량화할 수 있을지는 매우 흥미로운 문제입니다. 이에 관한 연구를 Box 2에서 간단히 소개합니다.

2 뇌로부터 '아름답다'를 추정하다

fMRI에서는 뇌 혈류 내에 포함된 산소 농도의 변화를 측정함으로써 어떤 부위가 활동하고 있는지를 조사합니다. 신경세포가 활발하게 작용하여 산소 소비량이 늘어나면 그 부위 혈류의 산화 헤모글로빈 양이 줄어듭니다. 그러면 뇌는 활동을 유지하기 위해 산화 헤모글로빈을 많이 포함한 새로운 혈액을 보내고 이에 따라 다시 산소 농도가 높아집니다. 간단히 말하면 혈류 내의 산소 농도의 변동[BOLD(blood-oxygen-level-dependent) 신호라고 함]이 신경세포 활동 증가의 간접적인 지표가 되는 것입니다(따라서 fMRI는 EEG나 전기생리적 기록과 달리 신경 활동을 직접 측정하는 것은 아니라는 점에 주의해야 합니다). 기본적인 fMRI 실험에서는 '뇌 기능 매핑'이라는 방법을 사용합니다. 이는 어떤 특정한 감각 자극이나 심적 상태(예를 들어 아름다움이나 추함의 인지)에 대해 BOLD 신호의 강도에 차이가 나는 뇌 부위를 조사하는 방법입니다. 보고 있는 자극이나 느끼고 있는 심적 상태 등이 뇌 활동의 패턴에 코드화되어 있다고 가정하는 것입니다.

이 코드화된 정보를 풀이함으로써 역으로 원래의 자극이나 심적 상태 자체를 추정하는 기술을 '뇌 정보 해독'이라고 부릅니다. 뇌 활동만으로 그 사람이 보고 있는 것을 추측할 수 있다니, 마치 미래가 성큼 다가온 것 같네요.

그럼 이 방법을 이용해서 어떤 그림을 보고 있을 때 그 사람이 아름답다고 느끼고 있는지, 아니면 추하다고 느끼고 있는지를 뇌 활동만으로 추측하는 게 가능할까요? 펜실베이니아대학교의 페고스와 채터지는 실험 참가자가 '얼굴 자극으로부터 아름다움을 느끼고 있을' 때의 내측 안와전두피질의 활동 패턴을 기계학습 알고리즘을 통해 학습시킴으로써 얼굴의 아름다움을 지각할 때 대뇌의 활동 패턴 특징을 추출했습니다[활동 패턴을 '분류'한다는 점에서 '분류자(classifier)'라고 부릅니다].[9] 그리고 다른 얼굴 자극을 보고 있을 때의 뇌 활동 패턴을 이 얼굴 미의 분류자와 대조함으로써 다른 얼굴 자극에 대한 참가자의 미추 판단을 예측하는 데도 성공했습니다. 뇌의 활동만으로 우리가 그 얼굴을 아름답다고 생각하는지를 알아맞힐 수 있었습니다.

이 실험에서 더욱 중요한 점은 얼굴 미의 분류자를 사용하여 다른 자극 범주의 아름다움(예를 들면 풍경화를 아름답다고 생각하는지)을 해독할 수 있었다는 것입니다. 내측 안와전두피질의 활동이 아름다움이라는 마음 상태에서 대상에 의존하지 않는 '공통 통화'로서 기능하고 있을 가능성이 엿보이는 매우 재미있는 결과입니다. 이처럼 공통의 척도가 있기 때문에 서로 다른 대상으로부터 얻을 수 있는 다종다양한 아름다움의 경험 사이에 비교나 교환이 실현되고 있는 것인지도 모릅니다.

III

볼 수 없는 아름다움

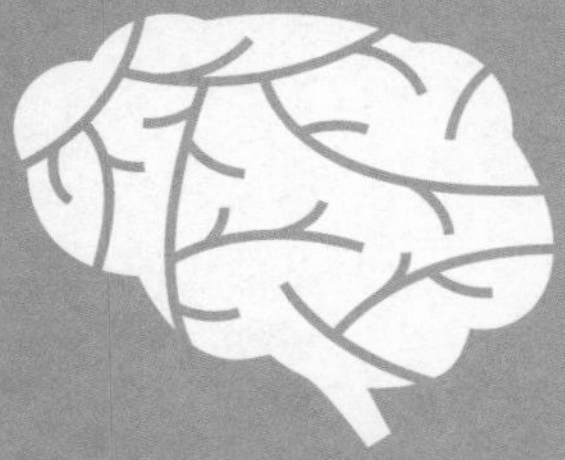

1.
볼 수 없는 정보

예술작품이든 자연의 형태든 간에 시각과 청각을 통해 우리가 느끼는 아름다움은 주요한 미의 유형이라고 할 수 있습니다. 우리의 감각은 세계를 인식하기 위해 이 두 가지 지각 양상에 의존하고 있기 때문입니다. 그러나 우리의 마음속에는 더 어려운 종류의 미도 있습니다. 그것은 지각 체계를 통하지 않기 때문에 '눈에 보이지 않는 아름다움'이라고도 부르는 것입니다.

예를 들면, 수학 방정식에서 찾을 수 있는 수학적인 아름다움입니다. 수식은 실제로 이 세상에 '사물'로 존재하고 있는 것은 아닙니다. 아름다운 방정식이라고 해도 방정식 자체가 글자 그대로 예쁜 것도 아니지요. 그런데도 수학을 깊이 이해하는 사람에게 그 수학적인 아름다움은 부정하기 어려운 것이라고 할 수 있습니다.

또 하나는 '올바른 행위' 속에서 나타나는 미입니다. 올바른 행위, 윤리적인 행위도 종종 '아름답다'고 표현되지요. 행위 자체는 시각적인 것이라고 할 수 있지만, 그것이 윤리적으로 올바른가에 대한 판단은 지각적 정보가 아닙니다.

이러한 아름다움은 지금까지 이야기해온 것 같은 용모나 색의 조합, 멜로디 따위의 물리적인 특징을 가지고 있지 않습니다. 다시 말하면 눈에 보이지 않는, 볼 수 없는 정보입니다. 그러나 수학자는 세계의 법칙을 나타내는 방정식에서 아름다움을 발견하고 우리는 누구나 도덕적 행위를 아름다운 것이라고 인식하고 있습니다. 그 반대로 옳지 않거나 반인도적인 행위에는 '구역질이 난다'고 말하는 것처럼 마치 실제로 추한 것을 보고 있는 것 같이 반응합니다. 도덕에 관한 것이든 외형에 관한 것이든 우리는 똑같이 '아름답다', '깨끗하다', '더럽다'라는 말을 사용해서 표현하고 있다고 할 수 있습니다.

이로부터 단순한 조형이나 예술작품이라는 틀을 넘어서 추상적인 사고의 수준에서도 미추의 체험이 존재한다는 것을 알 수 있다고 생각합니다. 그럼 여기서 언급한 것과 같은 '볼 수 없는 아름다움'을 뇌는 도대체 어떻게 다루고 있을까요? 실제 뇌 기능 연구를 통해 살펴보도록 하겠습니다.

2.
수학의 아름다움

세상에는 실로 다양한 미의 원천이 있습니다. 바다로 가라앉아 가는 석양, 성당에 울려 퍼지는 미사의 가락, 페르메이르가 그린 소녀 등은 모두 감각 지각을 통한 아름다움의 경험이며 많은 사람이 그러한 아름다움을 느낄 수 있습니다. 한편, 오랜 훈련이나 고도의 지식을 습득한 끝에 겨우 다다를 수 있는 대단히 지성적인 미도 존재합니다.

대표적으로는 수학을 꼽을 수 있겠죠. 이 책을 읽고 계시는 분 중에도 수학에 대한 이해가 깊은 분이 있을 거라고 생각합니다. 그런 분들은 감이 오지 않을까요? 수학의 방정식에도 아름다운 것과 추한 것이 있습니다. 플라톤의 시대부터 현대까지 많은 수학자들이 수학적인 아름다움에 대해 언급해왔습니다. 수학이라고 하면 지성적이고 논리적이며, 차가운 인상마저 줍니다. 그러나 흥미롭게도 고도로 완성된 방정식을 만났을 때 수학자 안에서 끓어오르는 감정은 미켈란젤로의 성모자상이나 바흐의 선율의 아름다움에서 느끼는 것과 똑같은, 가슴이 떨리는 정서적인 경험인 것 같습니다. 신경미학자로서는 이 수학의 아름다움에 대한 심적 상태를 조사하지 않을 수 없습니다. 수학자들이 말한 대로 수학의 아름다움이라는 대단히 지적이고 개념적인 미도 음악이나 회화 등의 예술작품에서 얻어지는 감각 지각에서 기인한 미와 마찬가지로 특정 뇌의 반응을 일으키는 걸까요?

런던대학교의 신경과학자 세미르 제키와 옥스퍼드대학교의 수학자 마이클 아티야 경은 이 물음에 답하기 위해 fMRI 안에서 수학자에게 방정식을 풀게 하는 실험을 했습니다.[10] 뇌 활동을 스캔하는 동안 실험에 참가한 수학자는 눈앞에 나타나는 방정식의 해법을 음미하고 그 해법에 대한 이해도와 함께 자신이 느낀 미추의 강도를 답하는 실험입니다.

실험에 참가한 많은 수학자들에게 가장 아름답다고 평가받은 방정식의 예를 들면 오일러의 등식, 피타고라스의 정리, 그리고 코시 리만의 방정식이었습니다. 한편, 라마누잔의 무한급수와 리만의 함수 방정식은 추한 방정식이라고 평가되었습니다(그림 3.1). 물론 이들 방정식에 대한 미추의 평가는 모든 수학자가 동의하는 것은 아닙니다. 어디까지나 이 실험에 참가한 수학자들의 응답에 기초했을 때 그렇다는 것입니다.

그런데 이와 같은 '아름다운 방정식'과 '추한 방정식'의 뇌 활동을 비교한 결과 수학자들의 주장을 뒷받침하듯이 뇌 안에서 수학

$$1 + e^{i\pi} = 0$$

$$\frac{1}{\pi} = \frac{2\sqrt{2}}{9801}\sum_{k=0}^{\infty}\frac{(4k)!\,(1103 + 26390k)}{(k!)^4\,396^{4k}}$$

그림 3.1 많은 수학자가 아름다운 수식이라고 한 오일러의 등식(위)과 추한 수식이라고 한 라마누잔의 무한급수(아래)

적인 미와 감각 지각적인 미의 공통점이 발견되었습니다. 다시 말해, 앞 장에서 소개한 내측 안와전두피질의 활동이 확인된 것입니다. 그 활동 부위의 좌표는 예술적 아름다움의 경험에 의해 반응하는 부위와도 완전히 일치했습니다. 다른 부위, 즉 중측두회, 각회 등 '수의 처리'에 관련된 영역도 활동했지만, 이는 수학자들이 추하다고 했던 라마누잔의 무한급수 등에서도 마찬가지였습니다.

오일러의 등식이나 피타고라스의 정리가 바흐의 교향곡이나 모네의 〈수련〉과 똑같이 아름다움의 맥락에서 이야기되는 일은 그리 많지 않겠죠. 수학 방정식은 대부분의 사람에게는 무미건조하고 고도로 추상적이어서 수학적 아름다움에 접근하기가 쉽지 않다는 점은 분명합니다. 하지만 "그것은 조각처럼 차갑고 엄숙한 아름다움이다. 인간의 약한 본성의 어디에나 호소하는 것이 아니며 회화나 음악 같은 화려한 장식도 아니다. 그러나 숭고할 정도로 순수하며 위대한 예술만이 품을 수 있는 엄격한 완벽함을 지니고 있는"(버트런드 러셀, 『서양철학사*A History of Western Philosophy*』) 것입니다. 그리고 이 말을 뒷받침하듯이 아름다운 방정식을 푸는 수학자의 뇌 안에서는 예술적 아름다움을 환기할 때와 똑같은 특징적인 반응을 발견할 수 있습니다.

3.
도덕의 아름다움

"중요한 건 눈에 보이지 않아."

Ce qui est important, ça ne se voit pas.

생텍쥐페리의 『어린 왕자』에 나오는 유명한 구절입니다. 눈에 보이는 알기 쉬운 행복을 추구하는 물질주의 사회에 대한 경구이자, 내면의 감각되거나 지각될 수 없는 것의 아름다움을 평이한 말로 깨닫게 해줍니다. 이 '눈에 보이지 않는 미'는 뇌 활동으로 어떻게 표현되는 것일까요? 이것이 이 절의 물음입니다.

위에서 아름다움의 감각이 시각이나 청각 등 감각 지각의 범주에 들어가지 않는 것에도 존재한다는 것을 수학의 아름다움을 가지고 이야기했습니다. 수학은 고도의 교육과 지성적인 과정이 필요한 미입니다. 그러나 '타인을 돕는 행위'는 아름다운 행위라고 누구나 칭찬할 수 있지요. 도덕이나 우정 등은 마음속에 있는 아름다움입니다. 이것을 여기서는 '도덕미'라고 부르기로 합시다. '윤리적으로

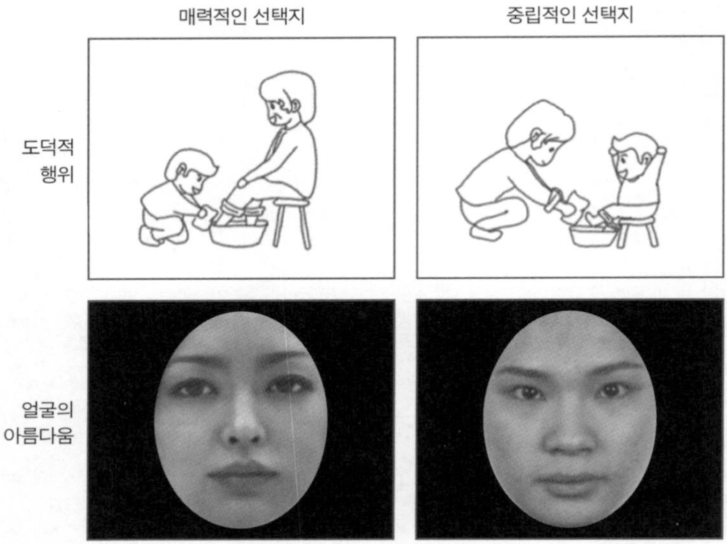

그림 3.2 왕(Wang) 등의 실험에 사용된 실험 자극의 예 (Wang et al., 2013을 바탕으로 수정)

올바른 행위'에서 느끼는 도덕미는 과연 감각적 · 지각적인 미가 일으키는 뇌 활동과 같은 활동 패턴을 나타낼까요?

최근 행해진 두 연구에서는 인물의 얼굴이 얼마나 매력적인지 '매력도'를 평가하는 과제와 그 인물이 도덕적으로 올바른 행위를 하고 있는지 '도덕도'를 평가하는 과제를 행하고 각각의 뇌 활동을 직접 비교함으로써 이 물음에 답하려고 했습니다.[11][12]

여기서 잠깐 실험에 대해 설명해보겠습니다. 이 실험의 참가자는 제시되는 얼굴 자극에 대한 매력도 평정 과제(미적 판단 과제)와 그에 이어 시나리오로 표시되는 그 인물의 행위('어르신의 발을 씻어드렸다' 등)에 대한 도덕도 평정 과제(도덕 판단 과제)를 실시했습니다(그림 3.2). 그리고 두 가지 서로 다른 판단을 할 때의 뇌 활동을 기록했습니다.

그 결과, 신체적인 아름다움의 판단이든 도덕적인 아름다움(올바름)의 판단이든 간에 참가자가 아름답다고 느꼈을 때는 여러분이 이미 잘 알고 있다시피 내측 안와전두피질이 활동하는 것을 알 수 있었습니다. 게다가 평정 점수가 올라갈수록 활동도 강해진다는 것이 밝혀졌습니다. 도덕적인 미도 신체적인 미도 똑같이 뇌의 특정 활동을 일으킬 수 있다는 것입니다. 시각이나 청각 등의 감각 지각에서는 느낄 수 없는, 마음씨의 아름다움이라고 하는 눈에 보이지 않는 미인 것입니다. 이러한 미에 대한 뇌 활동도 예술작품에 대한 아름다움의 경험과 똑같은 뇌 활동에 의해 표현되고 있는 것 같습니다.

더욱 흥미로운 것은 '섬피질'이라고 불리는 불쾌 감정이나 통증 등에 관여하는 뇌 부위의 활동 패턴입니다. 섬피질이 두 가지 판단 과제의 득점이 높을수록(즉, 아름다울수록) 안와전두피질의 활동과는 반대로 낮은 활동을 보인 것입니다.[11] 말하자면, 시소와 같이 안와전두피질의 활동이 올라가면 섬피질의 활동은 저하되고, 안와전두피질의 활동이 내려가면 섬피질은 활동이 올라가는 부적 상관관계를 이루고 있다는 것을 알 수 있었습니다(그림 3.3).

이처럼 안와전두피질과 섬피질의 활동 패턴에서 미적 판단과 도덕적 판단 사이에 강한 관계성이 있다는 것을 엿볼 수 있습

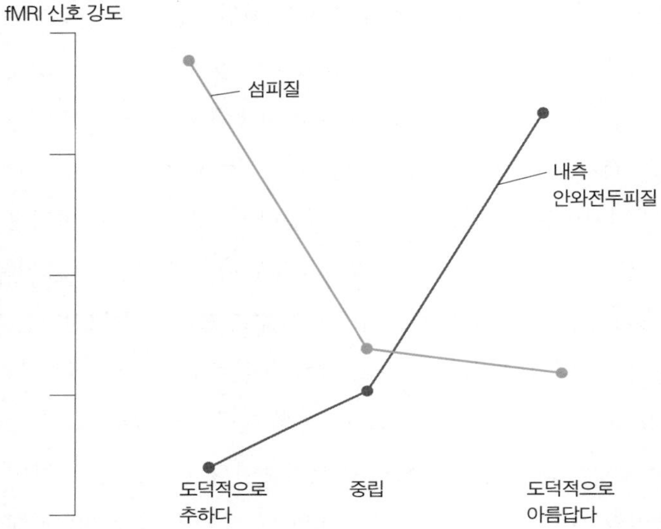

그림 3.3 내측 안와전두피질과 섬피질의 활동 강도의 관계를 나타낸 모식도 (Tsukiura & Cabeza, 2011을 바탕으로 수정)

니다. '미는 선이다'라는 생각은 고대 그리스 철학의 '칼로카가티아(kalokagathia)' 또는 '칼론(kalon)'이라는 개념까지 거슬러 올라가고, 현대 심리학에서도 이 두 가지 판단의 관계성이 실험을 통해 드러났습니다.

외모와 내면은 본래 관계가 없는 것입니다. 그러나 눈에 보이는 정보가 눈에 보이지 않는 것에 대한 평가에 영향을 주는 예는 밴드 구성원의 외모와 음악성의 좋고 나쁨,[13] 외모의 매력도와 면접에서의 평가,[14] 과학자의 외모와 논문의 질[15] 등 실로 수많은 연구에서 보고되고 있습니다. '미는 선, 추는 악'이라는 고정관념은 인간의 인지에 뿌리내린 편견일지도 모릅니다. 이 실험이 밝혀낸, 보상이나 쾌에 관여하는 안와전두피질과 불쾌 감정에 반응하는 섬피질이라는 두 가지 상반된 뇌 기제의 줄다리기는 '매력적인 인물은 윤리적이고 못생긴 인물은 행위도 부도덕하다'고 생각하곤 하는 인지 경향에 관여하고 있을 가능성이 엿보입니다.

이러한 결과로부터 미와 도덕의 연결고리도 연상됩니다. 실제로 이 부위가 손상된 환자는 도덕적 판단을 적절히 할 수 없게 된다는 것도 보고되고 있습니다.[16] 이러한 임상 연구 보고에 따르면 안와전두피질에 손상을 입은 환자는 장애가 없는 사람에게는 분명했던 인도적으로 문제가 있는 행위를 하는 사람의 '악의'를 올바르게 판정할 수 없었습니다.

물론 안와전두피질은 다른 다양한 인지에도 관여하고 있고, 안와전두피질의 손상과 도덕적 판단의 관계는 간단하게 결론지을 수 없습니다. 그러나 도덕이나 선한 품성 같은 눈에 보이지 않는 가치는 확실히 존재하고, 그러한 내적 상태에 대응하는 뇌 기능 연구는 인간성을 둘러싼 여러 학문에 새로운 관점을 제공할 수 있다고 생각합니다.

마음씨의 아름다움은 용모나 색의 조합, 선율 따위의 물리적인 특징을 가지지 않는 보이지 않는 정보입니다. 선행이나 올바름이라고 하는 '선(善)'이나 '진(眞)'에서 발견하는 미의 감각에서도 시각이나 청각의 미와 동일한 뇌의 반응이 나타난다는 발견은 지금까지의 신경미학 연구 중에서도 특히 중요한 것이라고 할 수 있습니다. 이러한 '보이지 않는 아름다움'에 관한 것은 윤리관이나 올바름이라고 하는 인간성의 근간과 관련된 것이 많습니다. 아름다움이라는 감각 자체가 인간에게 매우 중요한 것임을 알 수 있습니다.

이 장에서는 수학적 미와 도덕적 미에 대해 이야기했습니다. 아름다움은 단지 홀로 우리의 인지에 작용하고 있는 것이 아니라 선이나 올바름과 연결고리를 가지고 있다는 것도 엿볼 수 있었습니다. 미와 선과 진의 관계에 대해서는 이 책의 마지막 부분에서 다시 한번 살펴보기로 합시다.

지금까지는 우리가 주관적으로 경험하는 아름다움의 감각을 뇌 활동을 통해 살펴보았습니다. 여러 가지 아름다움의 경험이 뇌 안에서는 국재적 부위의 활동과 밀접하게 관계되어 있다는 것을 알았습니다. 다음 장부터는 화제를 예술작품으로 옮겨서 인지와 작품 감상의 관계, 그리고 그 배후에 있는 뇌의 작용에 대해 생각해 봅시다.

미를 조작하는 뉴로 모듈레이션의 가능성

뇌의 활동을 보고 그 사람이 아름다움을 느끼고 있는지를 추측할 수 있다는 것을 Box 2에서 소개했습니다. 그렇다면 그 반대로 인위적으로 뇌 활동을 변화시킬 수 있다면 어떨까요? 그 사람의 심미적인 경험을 바꿀 수 있을까요? SF처럼 들리겠지만 실은 그러한 기술이 이미 있습니다. 미약한 전류나 자기 자극에 의해 머리 밖에서 뇌의 신경세포 활동에 변화를 주는 방법, 즉 뇌 자극법을 이용하는 '신경 조작법/뇌 자극법(neuromodulation/brain-stimulation)'입니다. 이것은 정신 질환 치료, 운동 기능 재활 등의 목적으로 이전부터 사용되어온 기술이지만, 최근 임상 이외의 기초과학 분야

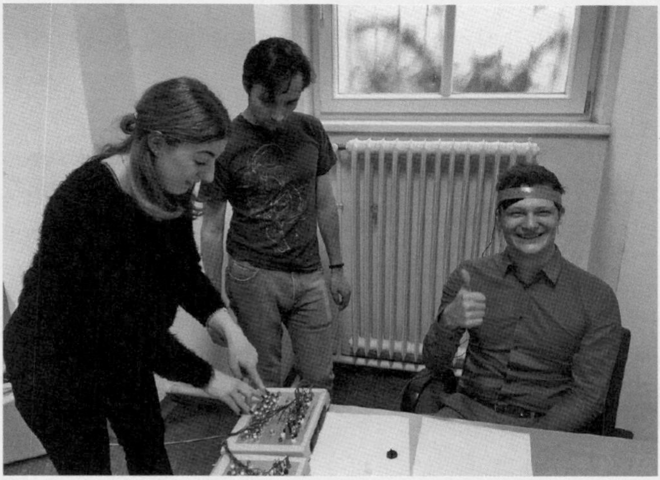

뇌 자극법을 사용한 실험 장면(빈대학교 심리학부)

에서도 인간의 행동 및 인지와 뇌 활동의 관계를 연구하기 위한 유용한 도구로서 활발히 이용되고 있습니다. 이러한 뇌 자극법을 이용하여 주관적인 미적 경험에도 영향을 줄 수 있는지 각국에서 연구가 진행되고 있습니다.

이탈리아의 연구자 자이라 카타네오 등은 뇌 자극법의 하나인 경두개 직류전류 자극법을 사용하여 배외측 전전두피질을 자극했습니다.[17] 배외측 전전두피질도 미적인 판단을 할 때 활동을 보이는 부위입니다. 그 결과 실험 참가자는 뇌 자극 후 회화 작품에 대한 미적 평가가 자극이 없는 조건과 거짓 시행에 비해 강해지는 것으로 밝혀졌습니다. 또한 반대로 배외측 전전두피질의 활동을 인위적으로 억제한 경우에는 미적 평가가 저하되는 것도 알 수 있었습니다. 뇌 활동을 물리적으로 변화시킴으로써 개인의 미적 경험에 영향을 주는 것이 가능하다는 것을 보여준 최초의 연구 보고로서, 이것은 중요한 결과입니다.

감성적 체험과 뇌 자극법의 연구는 최근 활발히 행해지고 있는데, 일본에도 게이오대학교 심리학 전공에 연구 그룹이 있습니다. 앞으로 한층 더 발전을 기대할 수 있는 분야라고 할 수 있습니다.

물리적인 뇌 활동을 조작함으로써 주관적 영역에 해당하는 미의 경험을 증대(또는 감소)시킬 수 있다는 가능성은 임상 분야에서도 매우 중요합니다. 아름다움은 즐거움의 감정과 밀접하게 연결되어 있습니다. 그러므로 우울증이나 실쾌감증 등 쾌의 감각을 잃는 것과 같은 증상에 이 기술을 응용하면 그 감각을 되찾을 수 있을지도 모릅니다. 기초 연구를 응용과 연결하는 것이 쉽지는 않지만, 언젠가 뇌 기능 연구의 성과가 우리의 행복에 기여할 수 있게 된다면 멋질 것이라고 생각합니다.

IV

변화하는 아름다움

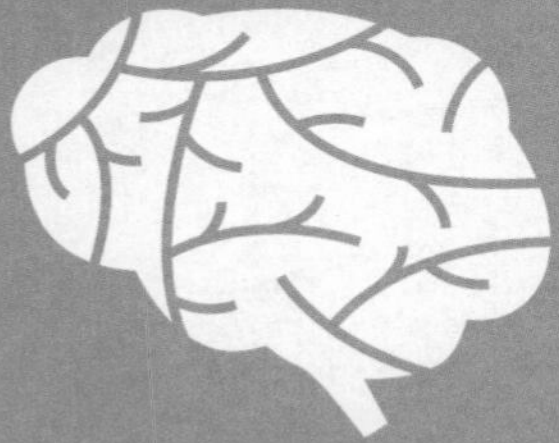

당신은 지금 오랑주리 미술관에서 한 점의 명화 앞에 서 있습니다. 연기가 나는 듯 빛과 색의 홍수로 가득한 아름다운 한 장의 〈수련〉 그림입니다. 작가가 유명한 클로드 모네라는 것을 알고 큐레이터의 해설을 읽은 후 더욱더 그 색채에 깊이 감동했다고 합시다. 거기에 '작품의 가치'라는 것이 있다면, 그것은 절대적으로 변하지 않는 것일까요? 미술관 전시실에서 감동한 〈수련〉을 만약 뒷골목의 꾀죄죄한 노점에서 보았다면 당신은 같은 그림을 똑같이 평가할 수 있을까요? 저라면 그냥 지나쳐버릴지도 모릅니다. 그럼 이번에는 그곳을 지나가던 자못 감식안이 있어 보이는 노신사가 그 그림을 극찬하는 것을 들었다면 어떻겠습니까? 혹은 그 사람이 누더기 차림의 주정뱅이였다면요? 당신은 자신이 느낀 '작품의 가치'를 어떤 상황에서라도 똑같이 느낄 수 있을까요?

지금까지의 심리학 연구 결과는 그것이 매우 어렵다는 것을 알려줍니다. 작품과 전혀 관계가 없는 주위 환경이나 정보(맥락)를 알게 됨으로써 작품에서 느끼는 가치는 아주 쉽게 바뀌어버릴 수 있습니다. 이 장에서는 변화해가는 작품의 가치와 그 배후에 있다고 생각되는 인지와 뇌의 작용에 대해 생각해봅시다.

1.
지하철 바이올린 연주

해 질 녘의 역 앞, 거리 공연을 하는 뮤지션과 그 앞을 빠른 걸음으로 지나치는 사람들. 귀갓길을 서두르는 통근객에게 뮤지션들은 늘 그곳에 있는 배경에 지나지 않는 듯합니다. 그들은 미국이나 영국에서는 '버스커'라고 불리며, 런던의 지하철 따위에서 연주하는 것을 매일같이 들을 수 있습니다. 대부분의 승객은 그냥 지나치지만, 어떤 이는 가끔 좋아하는 노래를 연주하는 버스커가 있으면 동전을 두고 갑니다. 어느 도시에서나 볼 수 있는 평범한 광경입니다.

2007년 어느 날 미국 워싱턴 DC의 지하철역 안에도 한 명의 버스커가 찾아왔습니다. 청바지에 긴 소매 티셔츠에 야구 모자를 깊이 눌러쓴, 아무리 봐도 버스커스러운 차림의 젊은 남자는 바이올린을 꺼내 들고 클래식 곡을 연주하기 시작했습니다. 바이올린 버스커가 드물어서 가끔 그가 있는 쪽을 바라보는 행인도 있었지만 대개 그대로 지나쳐 갔습니다. 발걸음을 멈추고 악기 케이스 안에 동전을 던져 넣는 사람은 많지 않았습니다. 40분 정도 여섯 곡의 연주를 마치고 악기를 챙겼을 때 그의 벌이는 32달러 조금 넘는 것이었습니다. 보통의 버스커에게 이 액수는 특별히 나쁘지도 않고 특별히 대단한 벌이도 아닙니다. 지극히 보통이라고 할 정도이죠. 그런데 그는 보통의 버스커가 아니었습니다. 그의 이름은 조슈아 벨. 열일곱 살에 카네기홀 무대에 서서 전 세계의 오케스트라와 함께 연주하는 인기 있는 솔로 바이올리니스트였습니다. 벨은 바로 며칠 전에 보스턴 심포니 오케스트라와 함께 연주하여 기립 박수를 받았습니다. 그날과 마찬가지로 애용하는 바이올린(약 40억 원의 스트라디바리우스)을 사용해서 그날과 똑같은 곡목을 연주했습니다. 그가 연주하는 동안 1천 명 이상의 행인이 지나쳐갔지만 멈춰 서서 동전을 던져 넣은 건 단 27명. 수많은 관객의 기립 박수와는 거리가 먼 결과입니다. (그가 조슈아 벨임을 알아본 여성이 단 한 명 있었습니다. 그녀는 보스턴 심포니와 연주한 공연을 보러 갔기 때문에 그의 얼굴을 알아볼 수 있었습니다).[18]

도대체 왜 벨은 굳이 이런 일을 한 걸까요? 사실 이것은 우리의 감성적인 가치 판단이 자신이 놓인 맥락이나 주위 상황에 얼마나 좌우되는지를 조사하기 위해 예일대학교의 심리학자 폴 블룸이 워싱턴포스트지의 협조를 얻어 준비한 실험이었습니다. 물론 음향 효과가 좋은 홀이나 듣는 사람의 마음가짐 같은 차이는 있겠죠. 하지만 유명한 바이올리니스트가 명성이 높은 희대의 악기로 연주했음에도 불구하고 이 결과는 우리의 감성이 맥락이라는 정보에 강하게 의존하고 있다는 것을 잘 보여준다고 할 수 있습니다. 실험에 참여한 워싱턴포스트지의 기자 웨인가튼은 벨의 지하철 연주를 "호화로운 액자를 제거한 모네의 그림"이라고 표현했습니다. 바로 뒷골목의 노점에 놓인 모네라는 것입니다. 같은 물건이지만 그 상황과 주어진 지식에 따라 인상도 평가도 확 달라져버립니다. 단적으로 말하면 우리는 귀로 들어오는 음색을 즐기는 게 아니라 '조슈아 벨이 연주하고 있다'는 맥락이 주는 정보를 즐기고 있다고 말할 수 있는 부분이 있습니다.

실제로 눈앞에 있는 것과 직접적으로는 관계없는 정보라도 그것을 안다는 것이 그것 자체의 평가나 판단에 영향을 주는 일이 있습니다. 이러한 현상을 사회심리학에서는 넓게 '맥락 효과'라고 부르고 있습니다. 맥락 효과는 음악 연주뿐만 아니라 우리가 뭔가를 평가할 때의 다양한 장면에서 찾을 수 있습니다. 예를 들면, 와인 가격과 맛의 관계입니다. 똑같은 싸구려 와인이라도 병에 붙은 가격표의 가격이 올라감과 동시에 맛도 좋게 느껴진다는 것이 알려져 있습니다. (참가자는 물론 속에 있는 와인이 똑같은 것이라는 것은 모릅니다.)[19] '비싸니까 좋을 거야'라는 거죠. 싸구려라도 주관적으로 맛있게 느껴진다면 그건 그것대로 행복할 거라고 생각할지도 모르지만, 반대로 고급 와인에 싼 가격을 붙여버리면 맛도 싸구려로 느껴져버리기 때문에 곤란한 일입니다. 1만 원짜리 와인이라고 생각하고 다 마셨다가 샹베르탱이었다는 걸 알게 된다면 비참한 일입니다.

이미 눈치채셨을지도 모르지만 이런 종류의 가치 변화는 감성적인 가치 판단(즉, 객관적 측정이 어려운 가치의 판단), 예를 들면 예술이나 미추의 가치 판단 등에서 일어나기 쉬운 것입니다. 30cm가 15cm보다 길다는 것은 분명하고, 300만 원이 150만 원보다 비싸다는 것도 누구나 납득할 수 있죠. 하지만 감성의 이야기가 되면 그 판단이 매우 빈약하고 모호해집니다.

바이올린의 음색, 와인의 풍미, 회화의 색채 모두 어떤 맥락에서 받은 인상은 다른 맥락에서는 확연히 달라집니다. 이러한 사례들이 말해주듯이 우리의 감성적인 평가는 맥락에 따라 옮겨가고 바뀌어갑니다. 만약 그것이 심미적인 가치를 판단하는 장면이었다면 우리는 어떻게 행동하고, 그리고 뇌는 어떻게 작동하고 있는 걸까요? 미술관의 모네와 노점의 모네는 도대체 뇌가 어떻게 다르게 받아들이는 걸까요?

2.
맥락에 따라 변화하는 가치: 맥락 효과와 미적 가치

아래의 두 그림을 보세요(그림 4.1). 왼쪽 그림은 루이지애나 근대미술관이라는 덴마크에 있는 유명한 현대미술관 소장의 추상화이고, 오른쪽은 그와 비슷하게 컴퓨터그래픽(CG)을 사용해서 그린 것입니다. 여러분은 이 둘을 비교해봤을 때 어느 그림이 좋다고 생각하나요? 역시 미술관에 소장되어 있는 그림이 더 예술적이고 좋게 보일까요? 아니면 둘 다 그다지 다르지 않을까요? 이제 아시겠죠. 그렇습니다. 두 회화는 '똑같은' 것입니다. 이 그림은 둘 다 같은 컴퓨터 알고리즘에 의해 기계적으로 만들어낸 이미지입니다. 한쪽에는 실재의 미술관 소장, 다른 쪽에는 CG라고 서로 다른 레이블을 붙인 것뿐입니다. 그런데도 이 질문을 받으면 많은 사람은 미술관 소장 작품이라고 믿고 있는 이미지가 미적으로 더 뛰어나다고 느낍니다.

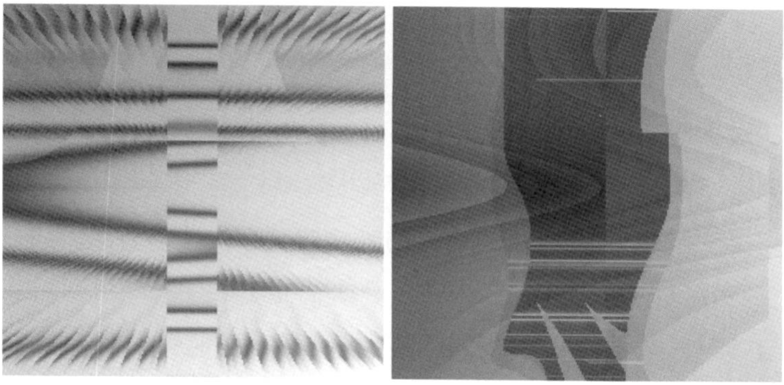

그림 4.1 맥락 효과 실험의 이미지 자극 예. 실험에서 왼쪽은 '미술관 소장 작품', 오른쪽은 'CG(computer graphic)'라는 레이블을 붙였다.

p.c05

2010년에 행해진 실제 실험에서도 컴퓨터 알고리즘을 사용하여 추상화 같은 이미지를 여러 개 생성하여 한쪽에는 '루이지애나 근대미술관 소장 작품', 다른 쪽에는 'CG'라는 레이블을 붙여서 실험 참가자들에게 보여주었습니다.[20] 즉, 미술관에 전시되어 있는 모네의 그림과 길가의 노점에서 팔리고 있는 똑같은 모네 그림의 비교를 실험실 안에서 해보려고 한 것입니다. 결과는 앞에 소개한 대로 많은 참가자가 '미술관' 레이블이 붙어 있는 이미지를 미적으로 뛰어나다고 응답했습니다('미술관' 레이블이 붙은 이미지들이 평균 6% 높게 평가됨). 둘 다 똑같은 방법으로 기계적으로 산출되어 예술적 창조성 따위는 전혀 없는 이미지인데도요. 레이블을 봄으로써 알게 된 맥락 정보에 작품의 미적 평가가 끌려간 것입니다.

그런데 여기에 한 가지 알 수 없는 것이 있습니다. 미술관 소장(이라고 믿고 있는) 작품을 미적으로 뛰어나다고 응답한 참가자들은 그렇게 '생각하고 있었던' 걸까요, 아니면 정말로 그렇게 '느끼고 있었던' 걸까요? 바꿔 말하면, '특별히 아름답다고는 생각하지 않지만 미술관에 소장되어 있는 작품이니까 뛰어날 것이다'라고 생각해서 높은 평가를 매긴 것인지, 아니면 참가자 자신이 정말로 '이건 아름답다'라고 느꼈기 때문에 높은 평가를 매긴 것인지, 어느 쪽일까요? 이 두 가지 가능성을 명확히 구분하는 것은 어려울 듯합니다. 참가자 자신도 그중 어느 쪽인지를 의식적으로 확실히 알지 못할지도 모릅니다. 뇌의 작용에 뭔가 힌트가 없을까요?

미술관 레이블이 붙은 이미지를 보고 맥락 효과가 일어나고 있을 때의 뇌 활동을 조사해보면 내측 안와전두피질에 강한 활동이 일어나고 있는 것을 알 수 있었습니다. 이미지의 질은 변하지 않았는데 CG라는 레이블이 붙여진 이미지에서는 이 활동이 일어나지 않았습니다.

안와전두피질은 앞 장에서도 종종 나왔지요. 예를 들면, 아름다움의 경험이 강할수록 이 부위의 활동이 강해지는 그러한 대응 관계가 있었습니다. 그 반대로 안와전두피질의 활동으로부터 그 사람의 미적 경험을 추측할 수도 있었습니다(제II장). 이러한 뇌 부위의 활동은 우리의 미적인 경험과 보상 감각에 밀접하게 관계합니다.

이러한 점에서 이 실험에서는 안와전두피질 활동의 증가가 참가자의 미적 경험이 실제로 강화되었다는 것을 나타내고 있는지도 모릅니다. 즉, '미술관 소장'이라는 레이블을 붙임으로써 일어나는 미적 판단의 맥락 효과는 실제 주관적인 미적 경험에 영향을 주고 있을 가능성이 있습니다. 그렇다면 맥락 효과에 의한 미적 경험은 그렇게 '생각하고 있다'일 뿐만 아니라 실제로 그렇게 '느끼고 있다'로 변화했을지도 모릅니다. 다른 연구에서 한 번 일어난 맥락 효과는 맥락 정보가 제거된 경우에도 약 40%나 되는 참가자에게서 그 후로도 수개월에 걸쳐 사라지지 않는다는 것도 알게 되었습니다.[21] 이 결과도 맥락 효과가 표면적으로만 작용하는 것이 아니라 실제 느끼는 방식 자체에 영향을 준다는 증거라고 할 수 있습니다.

가격표에 붙은 0의 개수로 와인의 풍미가 조종될 때, 장소나 티켓 가격으로 바이올린의 음색이 조종될 때, 소장 장소가 어디인가로 그림의 가치가 조종될 때 우리의 눈이나 귀나 혀는 쉽게 속습니다. 그때 우리의 마음도 변화하고 있는지 모릅니다. 우리가 '감성적 가치'라고 부르는 것은 그 사물뿐만 아니라 그것이 어떻게 보여지는가, 어디에서 나온 것인가 하는 정보를 모두 감안하여 꾸며지고 동적으로 형성되어간다고 할 수 있습니다.

맥락 효과의 재미있는 점 하나는 그 효과가 사람에 따라 다르다는 것입니다. 여러분 주위에도 다른 사람의 의견에 잘 휩쓸리는 사람과 그렇지 않은 사람이 있을 것입니다. 이러한 차이에 관련되어 있다고 생각되는 뇌 부위가 있습니다. 배외측 전전두피질이라고 부르는 영역으로, 좌우의 관자놀이에서 위로 더듬어 올라간 이

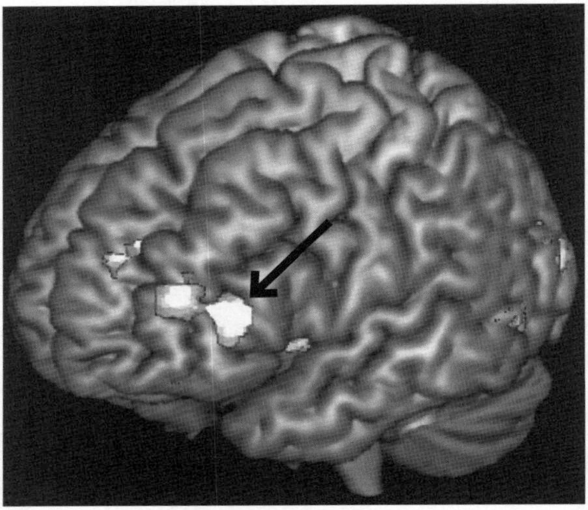

그림 4.2 타인의 의견에 잘 휩쓸리지 않는 사람의 뇌에서 활동을 보인 배외측 전전두피질

p.c06

마 옆의 위쪽에 있습니다(그림 4.2). 전두엽 중에서도 더욱 전방에 위치하며, 진화론적으로 새롭고 인간에게서 특히 발달해 있는 대뇌 신피질의 일부분입니다. 배외측 전전두피질은 시각이나 촉각 등 감각으로부터 들어오는 정보의 통합이나 충동성의 제어에 관여하는 고차적인 뇌 영역으로 알려져 있습니다. '누구의 작품인가', '어디 소장인가' 같은 맥락 정보를 알려주어도 그것에 휩쓸리지 않고 자신의 의견을 계속 유지할 수 있는 사람들의 뇌 안에서는 이 부위가 활발하게 활동하고 있다는 것을 알 수 있습니다.[22] 반대로 맥락 정보에 따라 자신의 의견을 쉽게 잘 바꾸는 사람의 뇌에서는 이 영역의

활동을 볼 수 없습니다. 배외측 전전두피질이 작품과 직접 관계없는 정보의 영향을 억제하는 것은 아닐까 생각됩니다. 이에 대해서는 다음 장에서 전문가의 뇌 활동과 함께 자세히 생각해보도록 합시다.

3.
평판에 휩쓸리는 가치: 동조 편향

맥락 효과는 그 밖에도 여러 가지 장면에서 볼 수 있습니다. 예를 들면, 여러분도 확실히 경험이 있으실 거라고 생각하는데, 다른 사람이 내놓는 평판은 매우 강한 맥락 효과를 줄 수 있습니다. 마음에 들지 않는다고 생각하는 것이라도 주위의 친한 친구 모두가 좋아한다고 말하면 자신도 좋아하게 되고 맙니다. '보증서'도 그렇지요. 잡동사니로밖에 보이지 않던 현대미술이라도 저명인사의 극찬을 들으면 순식간에 훌륭한 예술작품으로 보이게 됩니다. 노점의 모네도 자못 감식안이 있어 보이는 신사가 추천한다면, 어쩌면 마음이 움직여서 사버릴지도 모릅니다. 우리는 '다른 사람의 의견'에 쉽게 영향을 받습니다. 이것을 사회심리학에서는 '동조 편향(동조 현상)'이라고 부르고 있습니다. 세간에 '유행'하는 많은 부분이 동조 편향에 의해 만들어진다고 해도 지나친 말이 아닐 것입니다. 그러므로 '아름다움'이라는 지극히 주관적이고 침해할 수 없다고도 생각되는 개인적인 감성적 경험이 사회 안에서 공유되어가는 구조를 생각하는 데도 동조 현상은 매우 중요한 것입니다.

그런데 지인이라도 자신이 싫어하는 누군가가 말하는 것은 고분고분하게 받아들여지지 않는 경우가 있죠. 그렇다면 싫어하는 지인의 의견에서는 동조 편향을 잘 받지 않는 것일까요? 실제로 그렇습니다. 타인의 의견에 의한 동조 현상에서는 어떤 타인의 의견인지가 중요해진다는 것을 최근의 연구로 알게 되었습니다.

덴마크와 오스트리아에서 행해진 연구에서는 평판의 출처를 '사이가 좋은 대학 친구', '전문가', 그리고 '자신보다 지위가 떨어지는 사람(실험에서는 '중퇴자이고 무직'이라고 했습니다)'과 같이 세 부류로 나누었습니다.[23] 그 세 부류의 출처에 다시 그 사람들이 '좋다'라고 하는지, '싫다'라고 하는지, '좋다'와 '싫다' 두 조건을 더한 총 여섯 가지 '타인의 의견' 조건을 준비했습니다. 예를 들면, '친한 친구가 좋다고 말한다'고 알려준 뒤에 어떤 그림을 보여주고, 실험 참가자 자신이 어느 정도로 그것을 아름답다고 생각하는지 응답하는 실험이 되겠습니다. 그러자 '친구'와 '전문가'의 의견 조건에서 호평했다고 알려준 회화에는 더 좋은 평가를, 반대로 친구나 전문가가 저평가했다고 알려준 그림에는 나쁜 평가를 내리는 경향이 보였습니다. 이것은 동조 현상 연구에서의 전형적인 결과로서 예상대로라고 말할 수 있습니다. 흥미로운 것은 '자신보다 지위가 떨어지는 사람들'의 평판에 대해서는 정반대의 영향이 나타났다는 것입니다. 즉 그들이 호평했다고 알려준 그림에는 더 나쁜 평가를, 저평가했다고

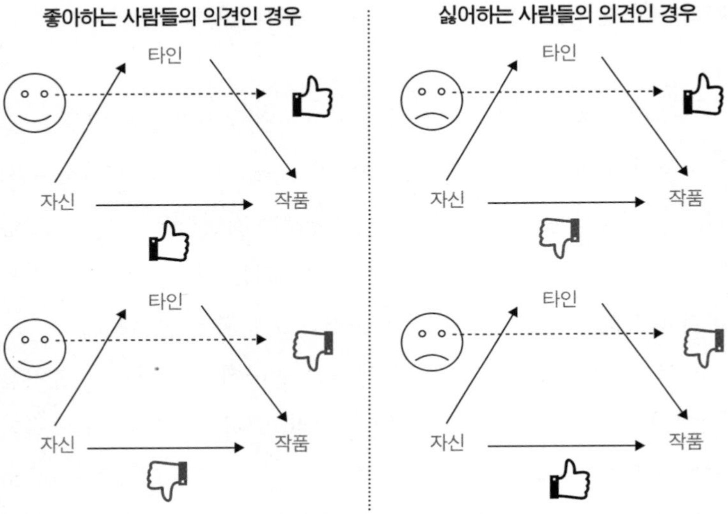

그림 4.3 사회적 관계에 따른 동조 편향이 작용하는 방향의 차이. 예를 들면, 오른쪽 위의 삼각관계에서는 싫어하는 사람들(타인들)이 어떤 작품에 대해 좋은 평가(굿 마크)를 하고 있는 것을 알게 된 경우, 자신은 그 작품에 대해 저평가를 하는 경향이 나타난다.

알려준 그림에는 더 좋은 평가를 매기는 경향이 나타났다는 것입니다(그림 4.3).

따라서 어떤 경우나 똑같이 타인에게 동조하는 것이 아니라 상대의 사회적 지위에 따라 청개구리같이 반대로 하기도 합니다. 맥락 효과라는 의미에서는 똑같지만, 동조하는 방향으로는 정반대의 영향이죠. 누군가가 좋아한다고 말했기 때문에 자신도 좋아하게 된다는 것만이 아니라 그 누군가가 어떤 사람인지도 중요합니다.

타인의 의견에 동조 편향이 일어나고 있을 때의 뇌 작용을 살펴봅시다. 자신의 평가와 다른 사람(친구이든 전문가이든)의 의견에 어긋나는 점이 있다는 것을 알았을 때의 뇌 활동에 흥미로운 반응이 있었습니다. 그것은 전측 대상회와 섬피질이라고 부르는 영역의 활동입니다.[24] 둘 다 각성도와 부정적인 감정 발생에 관계하는 부위입니다. 연구자들은 자신이 한 평가가 다른 대세의 평가와 달랐다는 것 때문에 사회적인 불안을 느끼는 심리를 반영하고 있는 것은 아닐까 생각하고 있습니다. 그렇다면 동조 현상이라는 것은 사회적인 고립을 피하려는 충동을 반영하고 있는 건지도 모릅니다. 즉 다른 사람의 좋은 평가를 알게 됨으로써 그 작품을 자신도 더 좋아하게 되는 일이 일어나고 있는 것이 아니라, 말하자면 동료와 어긋나게 될 가능성에 대한 불안 때문에 타인이 매긴 평가에 따라가도록 자신의 생각을 바꾸는 심리적인 과정일지도 모릅니다.

덴마크와 오스트리아는 복지국가이자 보수적인 나라이지만, 양국 모두 개인을 존중하는 유럽 문화의 영향의 한복판에 있어서 동조 편향에 빠지기 어려운 상황이라고도 생각됩니다. 좀 더 전체주의적인 나라(예를 들면, 일본)에서 이 연구를 실시한다면 매우 큰 동조 편향을 얻을 수 있을지도 모릅니다. 일본에서 수많은 유행과 쇠퇴를 볼 수 있는 것은 어쩌면 이런 심리적 과정이 바탕이 된 것인지도 모르겠네요.

우리의 미적 감각은 소장 장소, 해설, 평판 등으로 인해 쉽게 바뀌어버린다는 것을 살펴봤습니다. 그것은 고정불변한 것이 아니라 여러 가지 정보나 상황의 영향을 받아 그때마다 역동적으로 바뀌어간다는 것을 의미합니다. 우리의 미적 가치 판단은 유연하지만 나약하고 불확실합니다. 하지만 물론 이러한 일이 없다면 세상은 재미없게 느껴질지도 모르겠네요. 좋아하는 사람이 좋아하는 것이니까 나도 좋아하게 된다는, 인간적이고 불확실한 마음의 흔들림이 우리의 경험을 풍부하게 꾸며주고 있는 것은 틀림없는 일입니다.

지금까지 이야기해온 것은 '보통 사람들'을 대상으로 한 연구뿐입니다. 다시 말해 그 분야에 대한 전문가는 아닙니다. 우리가 전문가의 의견에 강하게 영향을 받는 것은 그들이 '확실한 의견'을 가지고 있다고 믿기 때문이라고 할 수 있습니다. 확실한 의견이란 '적확'한 동시에 '확고'한, 흔들림 없는 의견을 말하는 것이죠. 그러면 왜 전문가는 다른 사람의 의견에서, 즉 맥락 효과나 동조 편향에서 자유로운 걸까요? 다음 장에서는 전문가의 인지 구조에 대해 지식이 가지는 '양날의 칼'과 관련지어 생각해봅시다.

4

신체성과 예술 감상

가격이나 권위 같은 뚜렷한 맥락 정보가 없는 경우에도 감성적 판단은 영향을 받을 수 있습니다. 이를테면 아래 그림과 같이 점을 몇 개만 툭, 툭, 툭 붓으로 그려보세요. 그런 후 미술관에 가면 당신은 점묘화를 더 좋아하게 됩니다. 바보 같다고 생각할지도 모르지만, 이러한 현상을 보고한 연구가 여럿 있습니다.

실험에서는 참가자들에게 그림과 같이 브러시로 점을 찍는 조건과 브러시로 획을 긋는 조건을 제시했습니다. 그러자 점묘 동작을 해본 참가자들은 그 후 조르주 쇠라 등의 점묘화에 대한 미적 평가가 좋아졌습니다.[25]

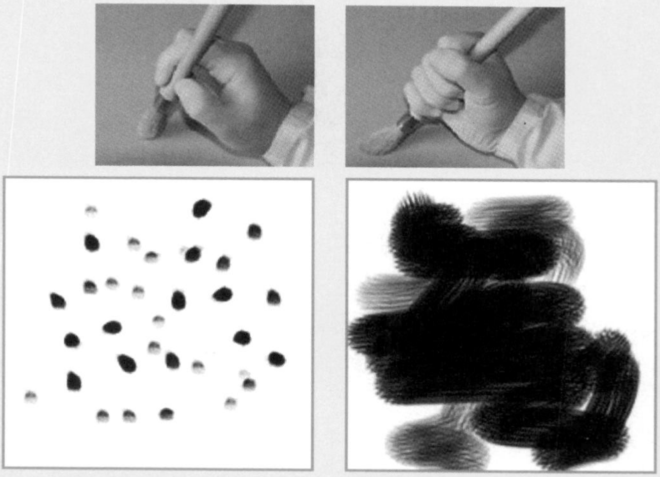

티치니(Ticini) 등의 실험.[25]
브러시로 점을 찍는 조건과 획을 긋는 조건. (개인적인 편지에서 수정)

이와 같은 이상한 현상이 왜 일어나는지 아직 잘 모릅니다. 어쩌면 '동작의 실행'과 '동작의 관찰' 사이에 연결고리가 있기 때문일지도 모릅니다.

'동작'을 연상시키는 작품을 관찰할 때, 예를 들어 점묘나 찢어진 캔버스를 볼 때 우리 뇌 안에서는 실제 동작의 실행에 관계하는 부위도 활동한다는 것이 알려져 있습니다. 이러한 반응은 '거울 뉴런 시스템'이라고 불리고 있습니다.

거울 뉴런은 재미있는 성질을 가진 신경세포인데, 전극으로 원숭이의 뇌 활동을 조사하는 전기생리학 실험에서 발견되었습니다. 이 신경세포는 자신이 운동하고 있을 때도, 그리고 다른 원숭이가 같은 운동을 하는 것을 보고 있을 때도 마찬가지로 반응합니다. 예를 들면, 자신이 먹이를 입으로 가져가고 있을 때 기록되는 활동이 다른 원숭이가 먹이를 입으로 가져가는 광경을 보고 있을 때도 똑같이 기록되는 것입니다.

거울 뉴런은 사람의 뇌에서도 발견되어 '거울 뉴런 시스템'이라고 불리고 있습니다. 이 시스템의 재미있는 점은 작품 속에 시사된 움직임을 상상하는 것만으로 활동한다는 점입니다. 예를 들어, 이탈리아의 조각가 루초 폰타나의 작품 중에는 캔버스에 칼집을 낸 단순한 작품이 있습니다. 이 칼집은 감상자에게 예술가의 창작 시 움직임 자체를 연상시키고, 그 때문에 거울 시스템이 반응한다는 것이 보고되었습니다.

이로부터 앞의 실험을 생각하면, 우선 실제 점묘 동작에 의해 그 사람의 거울 시스템이 준비 상태로 이행하여 작용하기 쉬워지고, 그리고 그로 인해 그 후의 점묘 작품 관찰이 촉진되는 것은 아닐까 추측할 수 있습니다.[26]

심리학에서는 '지각의 유창성'이 향상된다고 말하는데요. 점묘화에 대한 지각의 유창성이 향상되었기 때문에 선호도가 높아졌을 가능성을 제기할 수 있습니다. 미술관에 가기 전에 당신이 무엇을 하고 있었는지도 어쩌면 당신의 감성에 영향을 주고 있을지 모르겠네요.

V

지식의 감옥

1. 포로가 된 지각: 피카소가 그린 스트라빈스키
2. '착안점'이 다른 전문가의 눈
3. 눈을 속일 수 없는 전문가의 뇌
4. 순수한 눈은 돌아오지 않는다
5 얼굴 맹목 현상

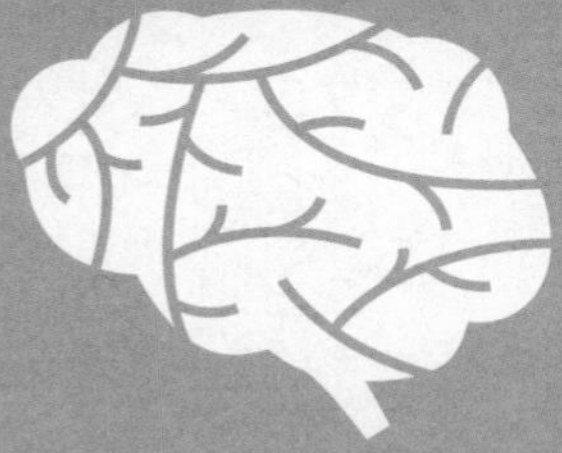

1. 포로가 된 지각: 피카소가 그린 스트라빈스키

1920년 두 거장이 이탈리아에서 만났습니다. 화가 파블로 피카소와 작곡가 이고르 스트라빈스키입니다. 나폴리에서 스위스로 여행하고 있던 작곡가를 로마에서 만난 피카소는 그의 초상화를 그려주었습니다. 굵고 명료한 필선으로 그려진, 단순하면서도 무게감과 입체감이 있는 이 초상화에서는 작곡가로서 스트라빈스키의 성격과 피카소의 화풍을 동시에 느낄 수 있습니다(그림 5.1).

그런데 이 그림을 자세히 살펴보면 몸 앞에서 깍지 낀 스트라빈스키의 두 손바닥은 어울리지 않게 커다랗게 그려져 있다는 것을 알 수 있습니다. 작곡가로서의 정체성을 나타내는 듯, 몸에 맞지 않을 정도로 강조된 커다란 손. 이 손 때문에 스트라빈스키의 초상화는 모사[정확히는 전사(轉寫)]의 교재로서 자주 사용됩니다.

왜 모사의 교재일까요? 모사란 모델이 되는 작품을 충실하게 그대로 베끼는 것이죠. 하지만 아무런 예비지식이 없는 상태에서

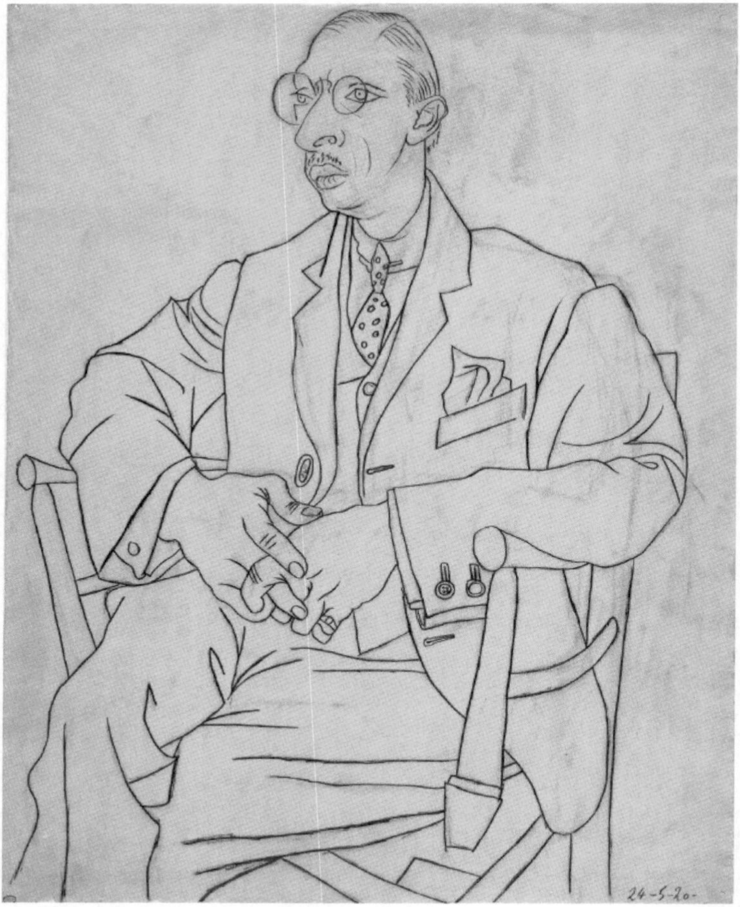

그림 5.1 파블로 피카소, 〈이고르 스트라빈스키의 초상〉 © 2023 – Succession Pablo Picasso – SACK (Korea)

이 초상화를 모사하면 많은 사람들이 스트라빈스키의 양손을 인체에 '맞는' 보통의 크기로 그려버립니다. '맞는' 크기라는 것은 '인체란 이런 것이다'라는 지식에 비추어봤을 때는 맞는 것이지만, 눈앞의 실제 그림을 복사한다는 점에서는 틀린 것입니다. 눈으로 본 그대로 그리기 위한 훈련인데, 우리가 사실 사물을 잘 보고 있지 않다는 것을 깨닫게 됩니다.

그런데 이 초상화를 위아래가 뒤집힌 상태에서 모사하게 하면 어찌 된 일인지 피카소가 그린 비율에 가깝게 그릴 수 있다는 사실이 알려져 있습니다. 위아래가 뒤집힌 초상화의 모사라니, 보통의 모사보다 더 어려울 것 같은데 왜 이런 일이 일어나는 걸까요? 이것은 우리가 성장하는 과정에서 '얼굴이나 몸은 이런 형태의 것이다'라는 지식을 획득하고 있기 때문이라고 생각됩니다. '눈은 두 개이고 입과 코는 하나씩, 팔은 두 개, 그리고 손은 이 정도의 크기라는 식으로, 신체란 보통 이러이러한 것이기 마련이다'라는 지식은 대상을 재빠르게 파악하는 데는 편리합니다. 그러나 그와 동시에 사전 지식을 가짐으로써 대상에 대한 자세한 관찰을 소홀히 할 위험성이 있습니다. 그리고 무엇이 있는지 머리로 알고 있기 때문에 실제로 눈앞에 있는 그 자체를 보고 있는 것 같지만 실은 제대로 보고 있지 않은 것입니다. 얼굴이 이 크기라면, 몸이 이 크기라면 손은 이 크기일 것이라는 지식이 스트라빈스키의 초상을 모사할 때 우리를 '맹목'적으로 만들어버리는 것입니다.

맹목 현상은 얼굴과 신체의 지각에서 가장 현저하게 나타나지만, 그 사람에게 매우 익숙한 다른 사물에 대해서도 일어난다고 알려져 있습니다. 자신에게는 너무나 당연한 것을 타인이 자세히 설명해달라고 해서 곤란했던 적 없었나요? 아이의 기상천외한 발상에 놀란 적은 없었나요? 스트라빈스키의 초상화로 돌아가면, 모사하고 있는 것이 '사람의 신체'라고 인식하면 신체는 어떠한 것인가에 대한 지식이 있기 때문에 눈앞에 있는 이미지를 모사하고 있는 것 같지만 실은 지식 속에 있는 몸을 기준으로 그려버리는 것입니다.

스트라빈스키의 어울리지 않게 커다란 손을 그리지 못한다는 것은 우리가 지식에 갇혀 있다는 사실을 알려줍니다. 어른뿐만이 아닙니다. 여러분은 어린 시절 크레용으로 그림 그리기를 했을 때 해를 무슨 색으로 칠했나요? 일본인들은 빨간색을 사용한 사람이 많을 거라고 생각합니다. 그런데 다른 문화, 예를 들어 영국의 아이들이 그린 해를 보면 노란색입니다(그림 5.2). 실제로 낮의 해는 빨간색도 노란색도 아니고 흰색이지만, '해는 빨간색(또는 노란색)'이라는 지식을 가지고 있기 때문이라고 생각됩니다. 우리의 인지는 어릴 때부터 이미 '지식의 감옥'에 갇혀 있다고 할 수 있습니다.

사고방식, 고정관념, 문화나 상식에 의해서도 우리는 맹목적이 되고 있는지도 모릅니다. 당연한 것이 정말로 당연한지를 아는 것은 어려운 일입니다. 물론 사회 속에서 부드러운 의사소통을 하기 위해 이러한 지식은 매우 유용하고 오히려 필요한 능력입니다. '인

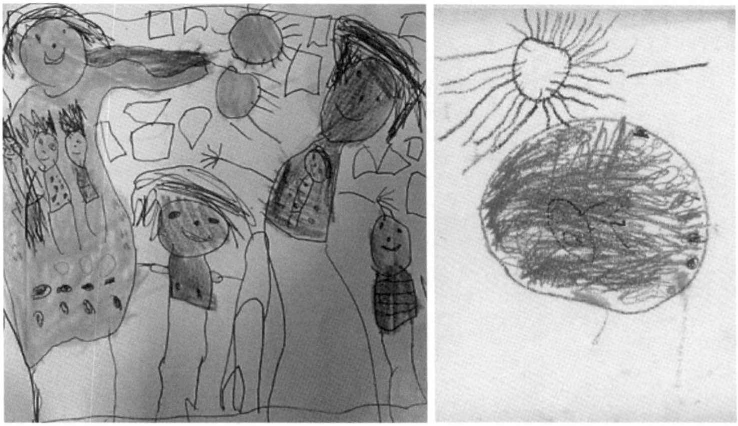

그림 5.2 유아들이 그린 노란색과 빨간색의 해. 왼쪽은 영국 4세 유아 소라 나이토 로버츠(Sora Naito Roberts)의 작품, 오른쪽은 일본 3세 유아의 작품이다. (개인적인 편지에서 수정)

↘ p.c07

간의 신체란 이런 모양으로, 팔은 두 개이고 눈은 두 개, …' 등 일일이 설명하기 시작하면 끝이 없습니다. 하지만 예술이나 창작의 경우라면 이야기가 다르지요. 그러니까 스트라빈스키의 초상화는 모사의 교재로 안성맞춤입니다.

2.
'착안점'이 다른 전문가의 눈

물론 지식이 항상 나쁜 것은 아닙니다. 종교 회화의 지물,* 가극 구성의 이해, 현대미술의 해석 등 지식의 축적에 의해서만 도달할 수 있는 예술의 기쁨이 있습니다. 아름다움의 체험에 대해서도 마찬가지입니다. 얼굴의 미나 색채의 미 등은 고도의 지식에 의지하지 않고도 많은 사람이 느낄 수 있습니다. 하지만 예를 들어 수학의 미, 유현(幽玄)의 미 등 고도의 교육이나 문화에 깊이 정통함으로써 얻을 수 있는 종류의 미도 있습니다.

지식을 쌓음으로써 작품의 배경이나 작자의 의도를 알고 깊은 이해로 이어집니다. 이 점에서 예술 감상에 미술사학자보다 더 충분한 지식을 지닌 전문가는 없을 것입니다. 전문가가 어떻게 작품을 감상하고 있고, 전문가의 뇌는 어떻게 작용하고 있을까요? 전문

---

* 지물(attribute): 서양 미술에서 특정한 신 혹은 인물을 나타내는 상징(symbol). 예를 들어, 막달라 마리아의 지물은 '향유 항아리'와 '두개골'로 이 두 가지 사물이 그려져 있는 종교화의 인물은 막달라 마리아임을 알 수 있다.

가와 초심자의 행동학적인 차이에 대한 연구는 예술심리학이나 실험미학에서 지금까지 많이 행해져왔습니다. 여기서는 시선에 대한 실험을 하나 소개하겠습니다.

미술 감상을 할 줄 아는 사람은 '착안점이 다르다'라고 자주 말하죠. 전문가는 착안점이 다른 걸까요? 미술사학과 학생을 전문가 집단으로 해서 그림을 감상하고 있을 때 시선의 움직임을 일반 학생인 초심자 집단과 비교한 연구를 소개하겠습니다.

이 실험에서는 인물이나 건물이 그려져 있는 구상회화(예를 들면, 외젠 부댕)와 눈에 띄는 구상적인 것이 그림에 없는 이른바 추상회화(예를 들면, 후안 그리스)라는 두 종류의 회화 유형을 사용하여 시선의 움직임을 조사했습니다.[27] 우선, 추상회화를 관찰하고 있을 때 시선의 움직임에는 전문가와 초심자 사이에 눈에 띄는 차이가 보이지 않았습니다. 그러나 구상회화 감상에서 초심자 집단은 얼굴이나 건물 등 눈길을 끄는 부분을 장시간 바라보고 있는 것을 알 수 있었습니다(그림 5.3).

인체나 건축물 등은 언뜻 봐도 눈길을 끄는 두드러진 자극입니다. ['현저한(salient)' 자극이라고 합니다.] 인간의 시각 체계는 이러한 현저한 자극에 자동으로 주의를 돌리도록 되어 있습니다. '상향식(bottom-up) 주의'라고 불리는 것입니다. 눈을 뜨고 있는 한 끊임없이 흘러들어 오는 시각 정보 중에서 자동으로 눈에 띄는 것에 주의를 돌리는 시스템은 매우 중요합니다. 한편, 인간의 주의에는 하향

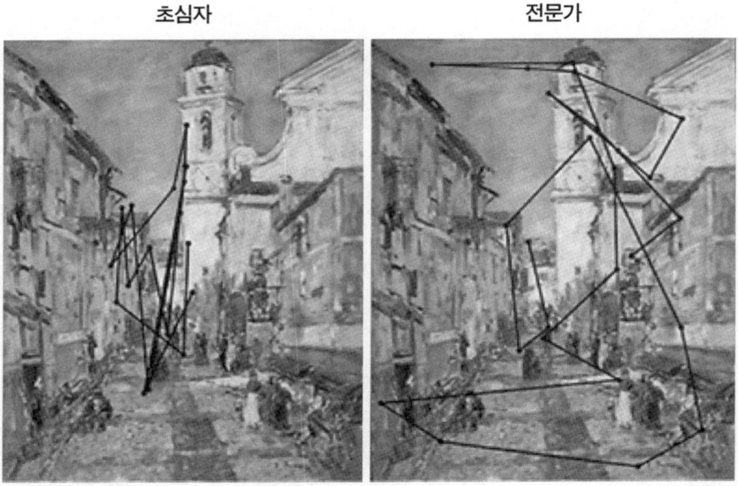

그림 5.3 초심자와 전문가의 시선 측정 결과. 회화 안의 실선은 시선의 움직임을 나타낸다. 초심자(왼쪽)는 인물이나 건물 등 화면 안의 눈에 띄는 구상적 사물에 시선이 끌리고 있다. 반면 전문가(오른쪽)는 화면 전체를 보고 구성이나 사물의 배치 등을 관찰하고 있는 것을 알 수 있다. (Pihko et al., 2011에서 수정)

↘ p.c08

식(top-down)도 있습니다. 이것은 의식적으로 주의를 통제하여 자신이 보고 싶은 장소에 주의를 집중시키는 것입니다. 우리는 이 두 가지 주의 시스템을 모두 사용하여 외부 세계를 정복하고 있습니다.

초심자 집단이 화면 안의 현저한 자극에 시선을 '사로잡히고 있는' 반면, 전문가 집단은 인물이나 건물에 시선을 고정하는 일이 적고 화면 전체에 눈길을 골고루 주고 있다는 것을 알 수 있었습니다. 이것은 하향식 주의를 사용하는 것으로, 자연스럽게 주의가 끌리게 되는 인물 등 구체적 대상의 처리를 억제함으로써 실현된다고 생각할 수 있습니다. 예술심리학에서 포크트가 주장하고 있는 '억제론'입니다.[28] 연구자들은 예술 감상의 전문가들이 우리가 보통 가지고 있는 자극에 대한 자연스러운 반응(즉, 눈에 띄는 것에 주의를 돌리는 것)을 억제하고 화면 구성이나 우의(寓意) 등을 각자의 전략으로 파악하고 있는 게 아닐까 생각하고 있습니다.

3.
눈을 속일 수 없는 전문가의 뇌

우리의 미적인 판단을 바꿔버리는 맥락 효과가 전문가에게는 통하지 않는다는 것을 밝힌 연구도 있습니다.[22] 이 연구에서는 금전적인 보상을 맥락 정보로 사용했습니다. 다시 말해, 실험 참가자들에게 실험 참가에 대한 사례로 300달러가 지급된다는 것, 그리고 그 돈은 실험의 후원사인 두 기업 중 어느 한쪽이 제공한다고 알려 준 것입니다. 과제는 화면에 제시되는 회화 작품의 미적 평가를 하는 간단한 것이지만, 그때 그림 옆에 앞에서 말한 후원사 기업 로고 중 어느 하나가 작게 붙어 있습니다(그림 5.4). 그것 이외에는 아무런 설명도 듣지 못한 채 참가자들은 미적 평가 과제를 수행했습니다. 실험 참가자 집단은 여기서도 똑같이 일반 학생과 미술사학을 전공하고 있는 학생입니다.

실험 결과, 일반 학생에게서는 표시된 로고가 자신에게 돈을 지급해주는 기업의 로고였을 경우, 함께 제시되고 있던 회화의 미적 평가가 높아졌습니다. 물론 기업 로고는 회화 작품의 미적 가치

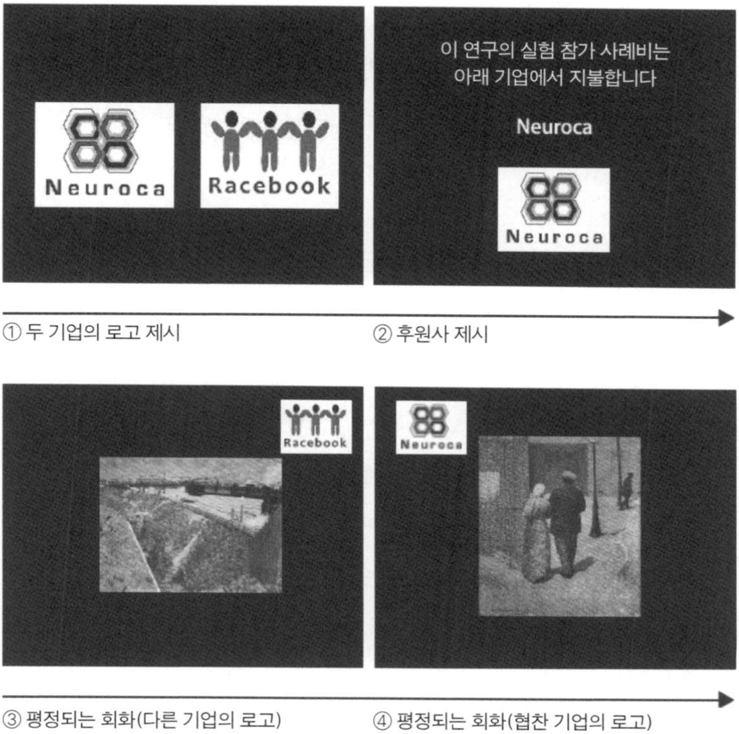

그림 5.4 실제 실험의 모식도. 먼저, 두 기업의 로고가 표시된다. 이어서 어느 기업이 실험의 후원사(즉, 참가자들에게 지급되는 사례 제공)인지가 표시된다. 그 후 실험 자극인 회화가 제시되는데, 그 옆에 기업의 로고도 붙는다. 어떤 회화에는 후원사의 로고가, 다른 회화에는 후원사가 아닌 기업의 로고가 붙는다. (Kirk et al., 2011에서 수정)

와는 전혀 관계가 없습니다. 이에 반해, 이미 알아챘을 거라고 생각하지만 전문가 집단의 학생에게서는 자신의 후원 기업의 로고든 다른 기업의 로고든 간에, 로고에 따른 영향은 미적 판단에 나타나지 않았습니다.

연구자들은 이 현상을 '스폰서십 효과'라고 이름 붙였는데, 이는 금전적인 보상에 의한 맥락 효과라고 할 수 있습니다.

자, 그런데 전문가들은 어떻게 해서 스폰서십의 효과를 없앨 수 있었던 걸까요? 일반 학생의 뇌 활동과 전문가의 뇌 활동을 fMRI를 사용해서 조사 · 비교해보았습니다. 그러자 하나의 뇌 부위가 부상했습니다. 앞 장에서도 잠깐 언급했던 배외측 전전두피질이라고 불리는 전두엽의 고차 영역입니다. 감각피질로부터 들어오는 정보의 통합이나 충동성의 제어에 관련된 부위인 것으로 알려져 있습니다. 제시된 회화에 자신의 후원 기업 로고가 붙어 있음에도 스폰서십 효과가 보이지 않았을 때, 전문가들의 뇌에서는 이 영역이 활발하게 활동하고 있는 것을 알 수 있었습니다. 이것은 일반 학생 집단에서는 볼 수 없었던 활동입니다.

배외측 전전두피질은 복수의 기능을 담당하여 복잡한 작용을 하는 영역입니다. 그것은 다른 많은 뇌 영역과 직접 연락되는 길이 있어서 활동을 조정하는 신호를 보낸다고도 생각되고 있습니다. 그리고 아름다움의 판단에 중요한 역할을 하는 안와전두피질과도 직접적인 연결고리(해부학적 결합)가 있습니다. 배외측 전전두피질이 정보를 통합하는 고차 영역으로서 판단해야 할 작품과 직접 관계없는 맥락 정보의 영향을 억제하고 배제하고 있는 게 아닐까 생각됩니다. 나아가 연구자들은 배외측 전전두피질이 직접적인 결합을 통해 안와전두피질의 활동을 제어하고 있는 게 아닐까 보고 있습니다. 어쩌면 그것이 전문가의 확고한 '심미안'에 기여하고 있는지도 모릅니다.

눈에 띄는 부분에 시선을 사로잡히지 않고 미세한 특징이나 배후에 있는 것을 알아차림으로써 작품 전체에서 배경이나 주제에 담긴 작가의 메시지를 간파하는 전문가의 눈, 그리고 자연스러운 충동을 억제하고 작품과 무관한 정보를 배제할 수 있는 전문가의 뇌. 이것들이 '심미안'이라고 불리는 능력의 이면에 있는 건지도 모릅니다.

그러나 동시에, 여기에도 역시 지식의 감옥이라는 딜레마는 있습니다. 작품과 관계없는 맥락을 배제하거나 자동적인 상향식 주의를 억제하거나 함으로써 작품 자체를 보는 것이 가능한 전문가의 눈이지만, 그것은 어떤 면에서 인간으로서 '부자연'스러운 반응이라고 할 수 있습니다. 화면의 눈에 띄는 조형적 요소에 주의를 기울이는 것이, 그리고 맥락에 따라 생각을 유연하게 변화시켜나가는 것이 인간의 자연스러운 반응입니다. 그 '자연스러움'으로부터 의식적으로 멀어지고 있는 것이 전문가의 예술적 지각이라고 할 수 있겠지요.

앞에서 언급한 시선 측정 연구도, 스폰서십 효과에 대한 연구도 한 미술비평가의 말을 상기시킵니다. 클라이브 벨은 다음과 같은 양가적인 사실에 대해 말했습니다. "예술을 가장 즐기지 못하는 인종은 사실 미술사학자다. 왜냐하면 그들은 너무 많이 알고 있기 때문이다." 아무래도 전문가들은 뭔가 잃어버린 게 있는 것 같군요. 그리고 그건 마찬가지로 우리 어른 대부분이 잃어버린 것일지도 모릅니다.

4.
순수한 눈은 돌아오지 않는다

"태어날 때부터 제각각 물든 사상이나 습관을 씻어버리면 버릴수록 사실은 깊어진다. 사실을 좇음이란 모든 것을 씻어버리고 태어나기 전의 벌거숭이가 되는 것이다."

- 다카시마 야주로

앞서 해의 색깔을 예시로 삼아 문화와 교육이 갖는 영향에 대해 이야기했습니다. 이 딜레마는 화가의 창작 활동에도 해당합니다. 예를 들어, 인상파가 등장하기 전에는 색의 지각 표현 또한 지식 안에 사로잡혀 있었다고 할 수 있습니다.

당시까지의 전통적인 회화 제작에서는 풍경화라고 해도 야외에서 데생한 것을 실내에서 마무리하는 방식이 보통이었습니다. 실내 아틀리에에서는 시간과 함께 변화해가는 빛이나 날씨의 영향도, 주위의 색채가 지각에 주는 영향도 없습니다. 그래서 '파란 드레스'를 입은 인물을 그릴 때는 옷감 자체의 '파란색'을 기본으로 해서 그대로 그리는 것이 정석이었습니다.

그러나 야외에서 시시각각 변화해가는 자연광 아래에서는 파란색 드레스가 항상 똑같은 파란색으로 보이지는 않을 것입니다. 머릿속에 있는 보통의 파란색 드레스를 그리는 것으로는 표현할 수 없습니다. 그때까지 어떤 작가보다 솜씨 좋게 물체가 반사하는 색채를 캔버스에 표현한 것은 인상파 클로드 모네입니다. 세잔은 모네의 그림을 보고 이렇게 말했습니다. "참으로 굉장한 눈이로구나." 굉장한 솜씨도, 굉장한 기법도 아니고 굉장한 눈을 가지고 모네는 대상의 모습을 있는 그대로 볼 수 있었다는 말입니다. 말하자면, 기성의 지식에 흐려지지 않고 눈에 비치는 사물의 있는 그대로를 알아챌 수 있었던 것을 세잔은 '굉장한 눈'이라고 표현한 것이겠죠. 하지만 그런 모네 자신도 이와 같은 말을 남겼습니다. "맹인으로 태어나고 싶었다. 그리고 어느 날 갑자기 볼 수 있게 되어 그림을 그려보고 싶었다." 그의 말은 지식에 사로잡혀버리는 지각에 대해 가장 문제가 되는 점을 암시하고 있습니다. 그것은 이 영향이 불가역적이라는 점입니다.

예를 들어, 다음의 흑백 그림을 보세요(그림 5.5). 무엇으로 보이나요? 단순히 불규칙한 무늬나 수묵화 등 여러 가지 해석이 가능할지도 모릅니다. 그러나 사실 이것은 흑백 대비만 준 인물의 얼굴입니다. [이런 이미지를 '무니 페이스(Mooney face)'라고 부릅니다.] 단순한 잉크의 얼룩으로 보였던 것이 어느 순간에 갑자기 의미가 있는 이미지

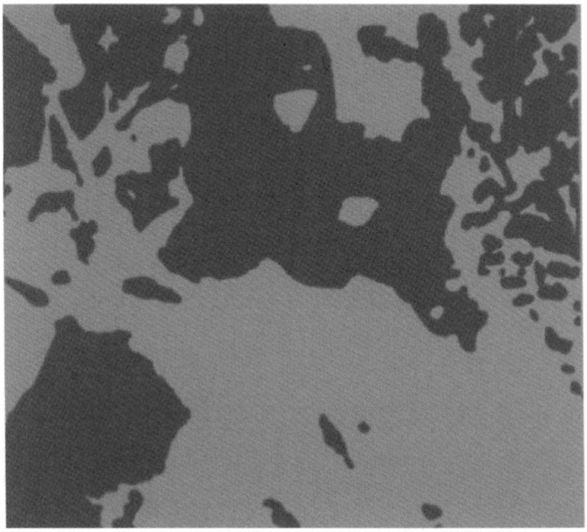

그림 5.5 무니 페이스의 예

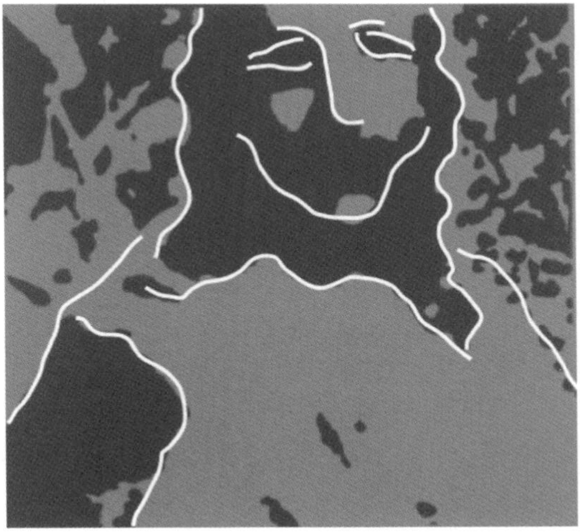

그림 5.6 보조선을 그은 그림. 수염을 기른 인물의 얼굴이 보인다.

로 보이는 현상을 '원숏 러닝(visual one-shot learning)'이라고 합니다. '아하(Aha!) 체험'이라고도 하죠. 다음으로는 윤곽선을 그어 알기 쉽게 한 이미지를 실었습니다(그림 5.6). 수염을 기른 인물의 얼굴이 보였죠? 그럼 다시 한번 윤곽선 없는 그림을 봐주세요. 어떤가요? 그 인물의 얼굴이 단박에 보이지 않나요? 그렇습니다. 한번 그것이 무엇인지를 알아버리면 그것을 '알기 전의 백지 상태'로 돌아가는 것은 매우 어렵습니다. 이것은 우리에게 모호함을 싫어하는 경향이 있기 때문일지도 모릅니다. 이러한 편향은 '인지적 완결 욕구(cognitive need for closure)'라고 부릅니다. 사물에 대해 확고하고도 안정된 답을 구하고 모호한 상태를 꺼리는 심리학적 경향이 바탕이 되었다고 설명합니다.

견고한 지식에 기초를 둔 인지가 전문가의 그것이라면 그 정반대에 있는 것은 무엇일까요? 그것은 분명히 아직 사회적 규범이나 문화의 영향이 적은 아기나 어린아이가 가지고 있는 인지일 겁니다. 피카소는 이렇게 말합니다. "다른 화가의 그림을 흉내 내서 그리는 것은 간단하다. 하지만 아이가 그리는 그림만은 흉내 낼 수 없다." 우리는 말을 배우고 인습이나 규범을 학습하고 여러 가지 지식을 쌓으며 상식적인 어른이 되어갑니다. 하지만 새로운 것을 배우면 그 이전의 상태로는 돌아갈 수 없습니다. 우리는 항상 무언가를 얻고 그 대가로 무언가를 잃으면서 성장해가는지도 모릅니다.

지금까지 IV장과 V장에서는 우리가 내리는 가치 판단이 얼마나 모호하고 변화하기 쉬운 것인지, 지각이나 인지가 얼마나 지식이나 선입견에 사로잡혀 있는지, 전문가의 사례도 아울러서 생각해 보았습니다. 그렇다면 변하지 않는 가치란 어디에도 없는 것일까요? 다음 장에서는 피카소도 이야기한 대로 아이가 그리는 세계를 포함하여 변하지 않는 가치가 있는지 생각해보려고 합니다.

5 얼굴 맹목 현상

'맹목 현상'을 좀 더 자세히 살펴보기 위해 얼굴과 신체의 지각에 대한 심리학 실험을 소개하겠습니다. 얼굴 그림이 있다고 합시다. 이것을 위아래를 거꾸로 해서 보여주었을 때는 똑바로 보여주었을 때에 비해 눈이나 귀 같은 세부 부위에 대한 주의가 강해지는 것으로 알려져 있습니다. (심리학이나 인지신경과학에서는 '주의'라는 용어를 "주위의 어떤 특정한 사물에 선택적으로 반응하거나 주목하거나 하는 의식의 기능"이라고 정의합니다.) 얼굴과 신체는 사회적인 정보를 많이 포함하고 있는 중요한 자극 범주입니다.

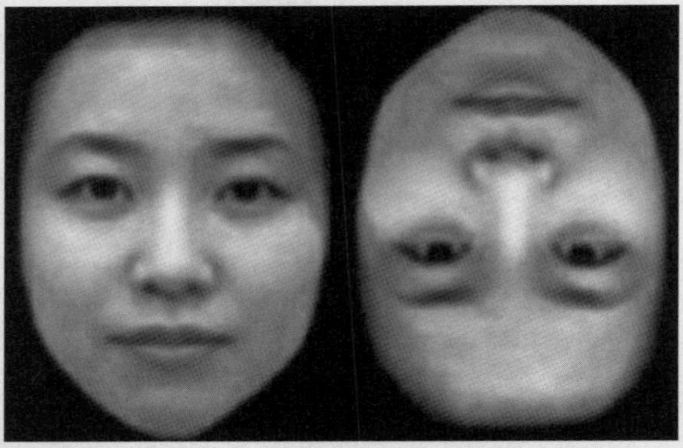

일본인 여성의 평균 얼굴을 똑바로 보여준 것과 뒤집어 보여준 것

얼굴 정보처리의 큰 특징 중 하나로 '전체 처리'라는 것이 있습니다. 우리의 시각 체계는 우선 얼굴 전체의 대략적인 처리를 하여 그 인물에 대한 정

보, 즉 누구인지, 어떤 기분인지 등을 얻을 수 있습니다. 한편, 국소적인 세세한 특징 정보는 전체 처리가 행해진 후에 의식적으로 주의가 기울여지는 '전체 → 국소'의 2단계 시스템이라고 생각됩니다.[29] 이것은 우선 대략적인 정보를 재빠르게 취득한다는 점에서 볼 때 이치에 맞는 구조라고 할 수 있습니다.

이러한 얼굴의 전체 처리성은 때에 따라 문제가 되는 경우가 있는데, 국소에 중요한 정보가 있는 경우입니다. 이런 경우, 전체 처리는 오히려 즉각적으로 국소에 주의를 돌리는 것을 방해합니다.

상하가 거꾸로 된 얼굴에서 국소에 대한 주의가 강해지는 것은 본래의 얼굴이 있어야 할 형태로부터 멀어짐으로써 얼굴의 자동적인 전체 처리를 강제로 일시정지하기 때문이라고 생각됩니다. 물구나무서기라도 하고 있지 않는 한, 얼굴은 보통 똑바로 눈에 들어오는 법이지요. 보통 때는 있을 수 없는 상태가 되어 자동적인 전체 처리가 억제됨으로써 국소적인 부분에 대한 주의가 촉진되는 것입니다. 스트라빈스키의 초상화를 위아래로 뒤집어놓으면 모사가 잘되는 이유 중 한 가지는 지각의 이런 성질과도 관계가 있을 것입니다.

VI

변하지 않는 가치는 존재하는가?

우리가 느끼는 아름다움의 감각과 예술의 가치가 얼마나 덧없고 변하기 쉬우며 믿을 수 없는 것입니까? 그것은 타인과 협조해 사회를 원활하게 움직이기 위해 필요한 유연성이라고도 할 수 있지만, 이 세계에 변하지 않는 가치나 누구나 공감하는 아름다움이 없다면, 조금 쓸쓸한 느낌이 드네요. 변하지 않는 미와 보편적인 가치는 정말로 존재하지 않는 것일까요? 모든 가치는 '머릿속'에서 만들어지고 현실에 있는 것은 개개인의 주관적인 가치의 '수용물'에 지나지 않는 걸까요? 아니요, 그렇다고 단언할 수는 없는 것 같습니다. 이 장에서는 이 세상에서 (어느 정도의) 보편성을 유지할 수 있는 가치에 대해 살펴보려고 합니다. 우선 시간을 3만 년 정도 거슬러 올라가 봅시다.

1. 빙하기 미술

2013년 영국의 대영박물관에서 어떤 전시회가 개최되었습니다. 《Ice Age Art》라는 제목의 이 전시는 빙하기(약 1만 년 전)의 지층에서 발굴된 우리의 먼 조상이 만들어낸 '예술'을 주제로 한 것이었습니다. 사실적인 들소의 이미지, 콘도르의 날개뼈로 만든 섬세한 피리, 아시아의 토우와 매우 닮은 여인상 등이 있는데 이것들은 현대에 사는 우리의 눈으로 보아도 정교할 뿐만 아니라 창조성마저 느끼게 합니다. 출토 장소는 독일 슈베비셰 알프 지방에서 러시아 시베리아까지 광대한 범위에 이르는데, 연대는 더욱 넓어서 모두 3~1만 년 전의 유물로서 실로 2만 년의 시간 폭을 가지고 있습니다.

동물의 뼈에 정교하게 새겨진 두 마리의 사슴, 그 사슴을 강 건너편에서 노리는 암사자. 대략 1만 3천 년 전으로 추정되는 이 작품에 그려진 동물들의 표정은 마치 만화의 한 컷처럼 매우 정교합니다. '강을 건너도 될까?', '알아챘나?' 그런 사슴들과 사자의 마음이 전해져오는 것 같습니다.

“드로잉의 기본적인 개념과 기술은 1만 년 이상 전에 제작된 태곳적 작품에서 현대까지 아무것도 변하지 않았습니다.” 전시회의 큐레이터이자 고고학자인 질 쿡은 이렇게 말합니다. 놀라운 것은 현대에 살고 있는 우리가 1만 년 이상 된 과거 유물에 표현된 감정을 느낄 수 있다는 것, 그리고 그것을 가능하게 하는 표현의 보편성입니다. 전시회의 부제는 ‘현대 정신의 도래(Arrival of the Modern Mind)’입니다. 이 부제가 나타내는 대로 우리가 현재 가지고 있는 예술에 대한 태도는 빙하기부터 이미 시작된 것일지도 모릅니다. 빙하기의 예술작품이 현대를 사는 우리의 마음에도 어쩌면 당시의 인류가 느꼈던 것과 똑같은 방식으로 도달하는 것입니다. 당연한 것이지만, 당시의 관습이 기원후 2000년대의 아시아에 사는 우리의 문화와는 완전히 다른 것이었음은 상상하기 어려운 것이 아닙니다. 다른 시간, 다른 장소, 다른 관습을 넘어서 전해지는 감정에는 보편성이 있다고 할 수 있겠지요.

이전에 스페인 북부 엘 카스티요(El Castillo)의 동굴을 찾아갈 기회가 있었습니다. 그때까지 가장 오래되었다고 여겨진 프랑스 쇼베의 동굴 벽화보다 더 오래된 4만 년 전이라는 연대 추정이 발표되어 화제가 되고 있었습니다(그림 6.1). 동굴 속 가장 최근 연대의 벽화군은 약 2만 년 전이라는 측정치가 있습니다. 만약 그것이 확실하다면 엘 카스티요의 동굴 벽화는 실제로 2만 년이나 되는 시간 동안 같은 장소에서 계속해서 그려진 것이 됩니다. 정신이 아찔해지는 것 같은

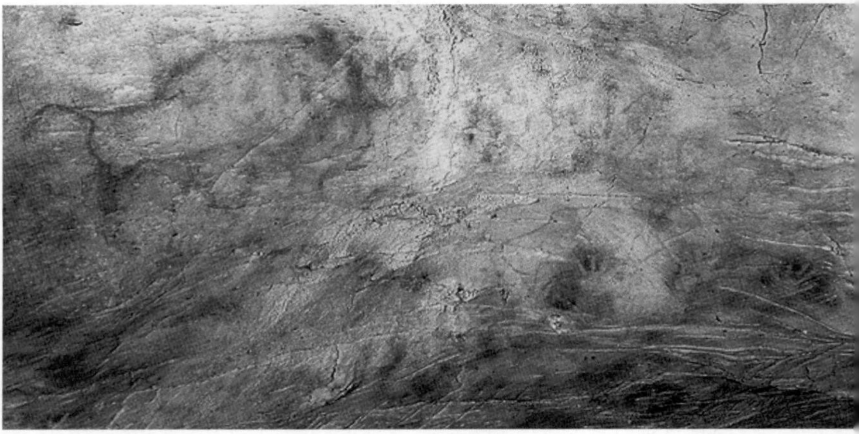

그림 6.1 엘 카스티요 동굴 벽화의 일부. 왼쪽 위의 버팔로는 비교적 최근 연대의 벽화이고, 오른쪽 아래의 손 모양이나 붉은 염료는 오래된 것으로 약 4만 년 전으로 추정된다. (wikicommons에서 수정)

↘ p.c09

시간입니다. 어두운 동굴 벽에 자신들이 오기 한참 전에 그려진 그림을 보고 우리 조상들은 무엇을 느꼈을까요? 거기서 분명히 무언가를 느꼈으니까 자신들의 '작품'을 거기에 나란히 그린 것은 아닐까요? 예술이 수만 년의 시간을 넘어서 전해지는 보편성을 가지고 있다고 생각하고 싶어집니다.

'인지고고학(cognitive archaeology)'이라는 분야가 있는데, 그것은 인지과학과 진화심리학의 방법이나 이론을 이용하여 유물이나 유적의 분석으로부터 원시인의 정신 상태와 인지 방식을 해명하려는 분야입니다. 매우 흥미롭고 낭만도 느끼게 하는 학문입니다. 인지고고학에서 원시 인류와 우리를 잇는 보편성을 생각하는 데 힌트가 될 만한 연구가 발견되었습니다. 조몬 시대*의 지층에서 출토되는 토우는 실로 각양각색의 표정을 가지고 있습니다. 오카야마대학교의 연구자들은 거기에 표현되어 있는 감정을 현대에 사는 우리도 알아챌 수 있는지 시험했습니다.[30] 그러자 토우의 얼굴에서 '기쁨'이나 '슬픔' 등의 기본적인 감정을 실험 참가자인 현대인도 확실히 인식할 수 있었다고 합니다.

우리는 항상 타인과 교류하는 고도로 사회적인 동물입니다. 그렇기 때문에 인류에게는 사회적인 정보, 예를 들면 말하고 있는 상대의 기분이나 감정 등을 파악하는 것이 매우 중요해졌습니다. 발달심리학 연구를 통해 우리에게는 다른 시각 자극보다 얼굴을 우선적 · 선택적으로 인식하는 '능력'이 있다는 것을 알고 있습니다. 그리고 이 능력은 태어날 때부터 이미 갖추고 있다고 생각하는 연구자도 많이 있습니다(어떤 연구에 따르면 심지어 태내에 있을 때부터 이미 얼굴에 대한 선호가 있다고 합니다[31]). 즉, 태어난 뒤에 학습하는 것이 아니라 선천적 · 생득적으로 얼굴이나 표정을 인식하는 능력이 갖춰져 있는 것이 아닐까 생각합니다. 1만 년 이상 전의 유물을 통해 그 아득한 옛날 사람들의 마음을 상상할 수 있다는 것은 당시 인류의 높은 예술적 기술뿐만 아니라 우리의 인지 구조가 수만 년이 지나도 여전히 크게 변하지 않았다는 사실을 보여주는지도 모릅니다.

---

* [역주] 조몬시대(縄文時代)는 일본의 신석기 시대에 속하며, 대략 B.C. 1만 4900년부터 B.C. 300년까지의 시기에 해당한다.

2.
단순한 것부터 생각하다

"인간은 태어날 때 모두 비슷한 성질을 가지고 있다. 자라나는 고장의 관습의 차이에 따라 다르게 보이게 된다."

-『삼자경(三字經)』

앞 절에서는 우리의 인지 구조에 변하지 않는 것이 있을 가능성을 이야기했습니다. 우리에게 정말로 공통된 감각이 있다고 한다면, 그것은 성장하는 과정에서 학습이나 경험에 의해 획득되는 것(후천적인 것)이 아닐 것입니다. 학습이나 경험처럼 개인에 따라 다른 것이 아니라 우리 모두 태어날 때 이미 가지고 있는(생득적인) 지각일 것입니다. 그 안에서야말로 보편성을 가진 미적 가치를 발견할 수 있을지도 모릅니다.

그런데 우리가 사물을 볼 때 눈과 뇌는 카메라처럼 단지 물체를 찍고 있는 것이 아닙니다. 우리의 시각 처리는 눈에 찍힌 물체의

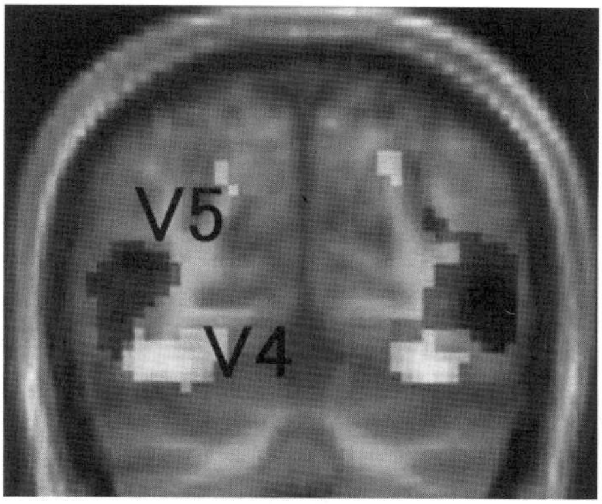

그림 6.2 후두엽에 있는 색채 정보를 처리하는 V4(노란색)와 운동 정보를 처리하는 V5(파란색)

p.c10

정보를 하나하나의 '시각 특징'으로 분할해서 뇌 안에 있는 각각의 특별한 처리 영역으로 보내게 되어 있습니다. 예를 들어, 지금 당신이 손에 들고 있는 책을 눈앞에서 좌우로 움직였다고 합시다. 흰 페이지가 좌우로 움직이고 있다는 의식적인 인식을 얻을 때까지 뇌는 무엇을 하고 있을까요? 먼저, 눈의 렌즈를 통해 망막에 투영된 이미지는 선분과 모서리, 색, 그리고 운동 정보로 각각 나누어집니다. 각 시각 요소는 시각뇌 안에 있는 각각의 특수한 영역으로 보내집니다. (정확히 말하자면, 더 세세하게 색채는 빨강, 초록, 파랑, 그리고 움직임은 빠른 것과 느린 것의 정보로 나누어져서 외측 슬상핵과 시상침의 중계를 통해 대뇌피질로 전달됩니다.) 그리고 예를 들어 색채 정보는 4차 시각피질(V4), 운동 정보는 5차 시각피질(V5)이라는 전문 부위에서 분석됩니다(그림 6.2). 그 이후의 단계에 이르러 각각의 시각 정보가 통합되어 하나의 통일된 이미지로 우리의 의식에 떠오르는 것입니다. 다시 말해 이때야 비로소 '흰 페이지가 좌우로 움직이고 있다'는 '시각적 인식'이 만들어지는 것입니다.

여기서 중요한 점은 한 단계 앞의 각 시각 요소를 개별적으로 처리하는 단계에서는 개인의 경험이나 기억에 따른 의미 부여 또는 가중치 부여는 아직 잘 일어나지 않는다는 것입니다. 즉, 이 처리 단계는 문화나 경험 같은 후천적인 것의 영향을 잘 받지 않는 단계라고 할 수 있습니다. 자신에게 그렇게 보이는 것은 타인에게도 그렇게 보입니다. 어떤 사람에게는 선분 A보다 긴 선분 B가 다른 사람에게는 A보다 짧게 보이는 일은 보통 없는 일입니다. 그것은 바로 우리가 같은 시각 처리 기제, 말하자면 같은 '시각 처리 기계'를 가지고 있기 때문입니다.

그런데 이렇게 누구에게나 똑같이 처리되는 단계의 정보에서 우리가 만약 아름다움을 느꼈다고 한다면 어떻게 되는 걸까요?

3.
운동의 미와 5차 시각피질(V5)

이를테면 사물의 운동을 예로 들어봅시다. 운동 정보도 V5에 전문 처리 영역을 가지는 시각 구성 요소의 최소 단위 중 하나라고 할 수 있습니다. 이 뇌 부위에 어떤 손상을 입으면 '피질성 운동인식맹(akinetopsia)'이라는 증상이 일어나는 일이 있습니다. 정지해 있는 사물은 정상적으로 볼 수 있지만 움직이기 시작하는 순간 보이지 않게 돼버려 장면 넘기기처럼 띄엄띄엄 지각되는 증상입니다. 예를 들어, 컵에 물을 따르는 것도 장면 넘기기처럼 보이기 때문에 넘치게 해버립니다. 이는 V5가 손상되어 잘 작동하지 않음으로써 운동 정보만 결여되기 때문이라고 생각됩니다. 운동 정보가 시각을 구성하는 하나의 기본 요소라는 것을 알 수 있지요. 이와 같은 운동 자체의 아름다움에 대해 조사한 연구를 소개하겠습니다.

작은 점의 집합이 움직이는 운동 패턴에서는 명확한 형태를 볼 수 없습니다. 그래서 운동 정보만 있는 듯한 단순한 자극을 만들 수

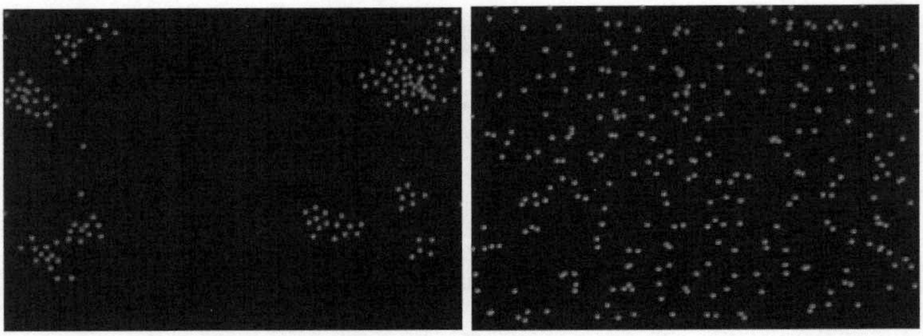

그림 6.3 실험에 사용된 점 운동 자극. 이런 단순한 자극에도 미적 판단은 행해진다. 문화에 관계없이 왼쪽이 선호되었다. 좌우 모두 점의 개수나 운동량은 같다.

있습니다(그림 6.3). 이러한 점의 운동 패턴을 몇 개 준비해서 실험 참가자에게 그 '움직이는 방식'이 아름다운지를 평가하게 했습니다. 이 실험에서는 다양한 나라와 문화권의 참가자를 모집했습니다. 그러자 그런 다양한 문화적 배경에도 불구하고 참가자들 사이에 응답의 편차가 매우 적은 것을 알 수 있었습니다.[32] 다시 말해, 어떤 문화에서 자란 사람이든, 얼마나 많은 경험이나 지식을 갖고 있는 사람이든 간에 아름답다고 느끼는 운동 패턴은 아무래도 비슷한 것 같다는 것입니다.

이 과제를 행하고 있을 때 참가자들의 뇌 활동을 fMRI로 조사해보았습니다. 그러자 미를 경험할 때 반응하는 내측 안와전두피질뿐만 아니라 V5 활동에서 재미있는 경향이 발견되었습니다. 이미 소개한 대로 뇌 안에는 시각 정보 각각의 요소에 대응하여 전문적으로 작용하는 영역이 있고, V5는 운동 정보를 전문적으로 처리합니다. 즉, 아름다운 점 운동을 보고 있을 때는 아름답지 않은 운동을 보고 있을 때보다 V5가 강하게 활동하는 것을 알 수 있었습니다. 아름다운 운동은 시각 기계의 정보처리 시점(時點)에서 이미 다른 운동 정보와 다른 반응을 불러일으키고 있었습니다.

여기서 주목하고 싶은 점은 V5를 포함하여 전문화된 시각피질의 활동 방식은 고차적인 뇌 영역에 비해 개인차가 작다는 것입니다. 앞에서도 이야기했지만 운동이나 색채 등 기본적인 시각 정보의 처리에 대해서는 우리 모두 매우 유사한 뇌 작용을 가지고 있습니다. 즉, 운동과 같이 매우 단순한 시각 정보로 한정한다면 거기에는 어느 정도의 보편성을 지니는 아름다움이 있을지도 모른다는 것입니다.

운동의 아름다움에 대한 평가에 큰 문화차나 개인차가 보이지 않는 원인은 ① 운동 패턴의 미는 V5의 시점에서 무언가 처리가 이루어지고 있으며, 덧붙여 ② V5는 어떤 사람의 뇌에서나 똑같이 기능하기 때문이라고 생각할 수 있습니다. 결과적으로 그 미적 평정에도 편차가 적어진다는 가설을 생각할 수 있습니다.

어쩌면 이것은 운동뿐만 아니라 기본적인 시각 요소의 하나인 '선분이나 모서리', '색채'에도 적용될 수 있을지도 모릅니다(Box 6). 우리가 같은 기능의 시각 기계를 공유하고 있다는 것이 보편적인 매력을 갖는 아름다움의 힌트가 될 것 같습니다.

4.
아기는 아름다움을 느끼는가?

누구에게나 공통된 가치를 생각할 때 아기 연구는 중요한 힌트를 줍니다. 아직 문화나 경험에 의한 영향이 적은 아기나 어린아이는 세계를 어떻게 파악하고 있을까요? 우리가 태어나면서부터 갖고 있는 공통성을 조사할 수 있다는 점에서 아기 연구는 성인을 대상으로 한 연구와 동물을 대상으로 한 연구와 함께 심리학이나 인지신경과학에서 매우 중요한 연구 분야가 되었습니다. 따라서 보편적인 미와 예술적 가치를 생각할 때도 아기의 행동을 조사하는 것은 큰 힌트를 줄 것입니다. 아기는 우리 어른들이 느끼는 것과 똑같이 아름다움이라는 것을 파악하고 있을까요? 아기들이 태어난 직후에 가장 자주 보는 얼굴을 예로 들어 생각해보는 걸로 합시다.

이 장의 첫머리에서 잠깐 이야기했지만, 태어난 후 단 몇 시간 만에 (어떤 연구에서는 태내에 있을 때부터) 아기는 얼굴이나 얼굴과 닮은 사물과 그 외의 물체를 구별한다고 합니다.[33] 생후 1주일째에 벌써 어머니의 얼굴과 그 외의 얼굴을 구별하게 되고 다른 사람의 표정을 흉내 내기 시작합니다. 다른 사람의 얼굴을 응시하고 때로는 웃는 얼굴을 돌려줍니다. 사회적인 정보가 가득 담겨 있는 얼굴이 우리 어른들에게 중요한 자극 범주인 것처럼 갓 태어난 아기에게도 특별한 것이라고 할 수 있습니다.

그런데 우리가 '아름답다'고 생각하는 얼굴과 '아름답지 않다'고 생각하는 얼굴은 아기에게 어떻게 보일까요? 둘 다 '얼굴'이고 그 이상도 이하도 아닐까요? 아니면 아기도 '아름다운 얼굴'을 알까요? 이것을 알 수 있다면 얼굴의 아름다움이 태어나면서부터 가지고 있는 개념인가, 아니면 자라면서 학습하는 것인가 하는 의문에 대해 하나의 힌트가 될 것입니다.

하지만 어떻게 실험하면 좋을까요? 아기는 말로 우리에게 "이 얼굴이 예쁘다"라고 알려주지 않습니다. 하지만 걱정할 것 없습니다. 아기의 행동을 관찰함으로써 아기가 무엇을 좋아하는지를 아주 잘 알 수 있습니다.

발달심리학자 로버트 팬츠가 개발한 '선호 주시법'이라는 방법이 있습니다.[34] 아기는 자신의 마음에 드는 것, 좋아하는 것에 길게 주의를 기울이는(눈을 돌리는) 경향이 있습니다. 즉, 아기가 어떤 자극을 얼마나 길게 보고 있는지를 조사함으로써 아기의 '취향'을 간접적으로 알 수 있습니다. 간단히 말하자면, 가령 얼굴 사진 두 개를 짝으로 배치해서 아기에게 보여주고 어느 쪽의 얼굴을 얼마나 오래

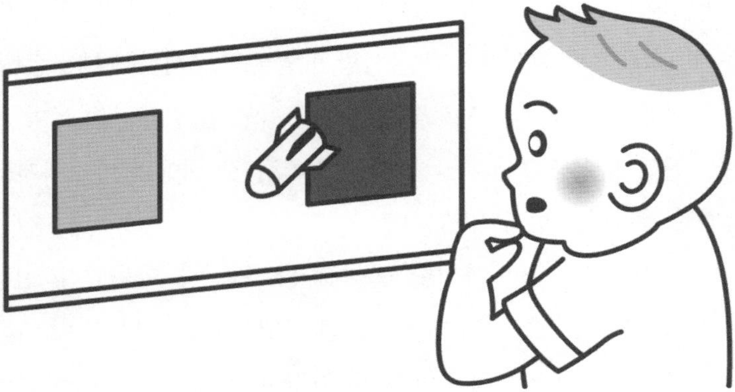

그림 6.4 선호 주시법

보았는지를 측정합니다. 그 데이터로 어느 쪽의 얼굴이 그 아기에게 매력적인지를 판단하는 것입니다(그림 6.4).

선호 주시법을 사용한 일련의 실험을 통해 생후 수일에서 수개월의 신생아도 어른에게 아름답게 보이는 얼굴을 오래 주시한다는 것을 알 수 있었습니다.[35] 여성의 얼굴이든, 남성의 얼굴이든, 다른 아기의 얼굴이든, 심지어 아기가 지금까지 본 적 없는 다른 인종의 얼굴이든 상관없이 같은 경향의 결과가 얻어진다는 것을 알게 되었습니다.

또한 사진 이외의 것으로도 똑같은 것을 이야기할 수 있습니다. 예를 들어, 몸통이나 옷은 같고 얼굴 부분만 다른 한 쌍의 인형이 있다면 아기는 매력적인 얼굴이 달려 있는 인형을 가지고 오랜 시간 논다고 합니다.[36]

이 연구들에서는 두 가지 점을 알 수 있습니다. 하나는 아기도 어른이 아름답다고 생각하는 얼굴을 좋아한다는 것, 다른 하나는 아기가 연령이나 인종, 또는 성별에 관계없이 매력적인 얼굴에 반응할 수 있다는 것입니다.

물론 아기는 태어난 직후부터 매우 빠르게 얼굴을 학습해갑니다. 그러므로 진정한 의미에서 '선천적'으로 어떤 종류의 얼굴 모양을 아름답다고 느끼는지 단언할 수는 없습니다. 더욱이 각국의 미용 잡지 표지를 비교해보면 선호하는 얼굴이나 유행하는 얼굴이 실제로는 각각 다르다는 것도 알 수 있습니다. 하지만 영화나 드라마, 또는 잡지 등의 영향을 받기 훨씬 이전의 발달 단계인 아기들에게는 얼굴의 미(취향)에 대해 일정한 합의가 있다고 말할 수 있을 것입니다. 『삼자경』이 기술하는 대로 성장함에 따라 언어나 문화, 시대의 차이에 따라 그 합의도 약해지고 사라져가는 건지도 모릅니다.

5.
원시 예술과 '두족인'

아기가 느끼는 미에 대해 이야기했는데, 다음으로는 어린아이가 그리는 '작품'에서 무언가 공통의 가치에 대한 힌트가 없을지 살펴보겠습니다.

〈그림 6.5〉의 펭귄 그림을 봐주세요. 이것은 일곱 살짜리 평범한 여자아이가 갑자기 '현대 예술가'로 주목받는 계기가 된 그림입니다. 이야기는 2011년으로 거슬러 올라갑니다.

런던의 패션 지구 슬론 스퀘어의 번화가에서 조금 뒤쪽으로 들어간 곳에 '사치 갤러리'라는 미술관이 있습니다. 리히텐슈타인 등 미국 현대미술 작가에서 당시에는 아직 무명이던 데미안 허스트나 트레이시 에민 같은 차세대 영국 예술가까지 선진적인 방침에 따라 전시를 개최해왔습니다. 1985년 개관 당시부터 현대미술 현장에 영향을 미쳐온 영국을 대표하는 현대 미술관 중 하나입니다.

2011년 이 갤러리에 한 점의 작품이 추가되었습니다. 그것은 바로 그릴 당시 네 살이었던 레일라 폴린의 펭귄 그림입니다. 레일

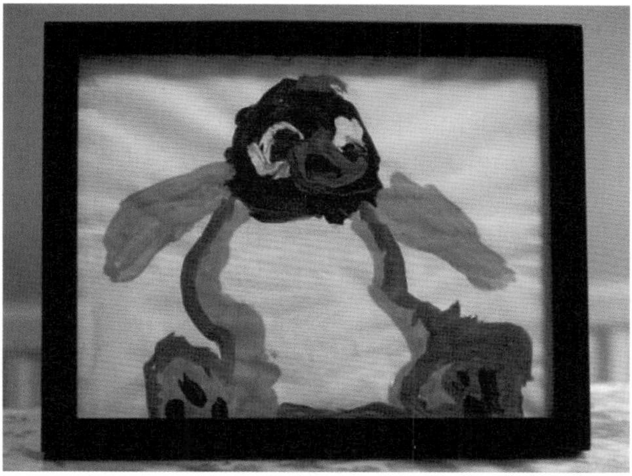

그림 6.5 당시 네 살이었던 레일라 폴린이 그린 펭귄 그림 (South West News Service 제공)

라는 천재 소녀였던 걸까요? 아닙니다. 그녀는 데번에 사는 평범한 유치원생이었습니다. 이 사건은 순전히 우연하게 일어났습니다. 당시 사치 갤러리는 새로운 소장품을 결정하기 위해 공모전을 개최하고 있었습니다. 레일라의 어머니는 딸이 그린 그림을 찍은 사진을 자신의 온라인 스토리지에 저장하려고 했는데, 실수로 공모 전용의 공용 폴더에 업로드하여 '응모'해버렸다고 합니다. 그것이 그대로 심사에 섞여 들어가 전시 작품으로 뽑혔다는 것입니다. 거짓말 같은 실제 이야기입니다. 이 심사는 무기명으로 이루어졌습니다. 즉, 심사위원들은 작가가 어디의 누구이고 어떤 경력의 사람인지를 모른 채 그 작품을 평가한 것입니다. 인맥이나 선입견 등 작품 이외의 정보가 평가에 영향을 주지 않도록 하기 위해서입니다. 네 살 소녀의 그림이 이 심사를 통과해서 어른 예술가들을 꺾고 채택된 것은 작품 자체에 무언가 힘이 있었기 때문이라고 생각하고 싶어집니다.

"아이가 그리는 그림만은 흉내 낼 수 없다." 파블로 피카소는 이렇게 말했습니다. 왜 어른들은 아이들처럼 그리지 못하는 걸까요? 그것은 어쩌면 세계에 대한 관점 자체가 아이와 어른이 서로 다르기 때문일지도 모릅니다.

여러분은 '두족인(頭足人)'이라는 말을 들어본 적이 있습니까? 글자 그대로 머리에 다리가 달려 있는 인간을 나타낸 말입니다. 영어권에서는 '태드폴(tadpole)', 즉 올챙이 같은 것이라고 불립니다. 상상하면 괴물 같지만 그렇지는 않습니다. 이것은 세 살쯤 된 유아가 그린 그림에서 볼 수 있는 인간의 모습입니다. 둥근 원 안에 눈 또는 눈과 코와 입이 그려져 있고, 그것 자체는 얼굴이나 머리로 보이는데 거기에 바로 두 개의 막대기, 즉 다리가 붙여집니다. 발달 단계에 따라 얼굴의 옆으로 다시 두 개의 막대기, 즉 팔이 그려지게 됩니다**(그림 6.6)**. 머리에 직접 다리나 팔이 나고 몸통이 없는 인체상입니다.

두족인이라는 표현 형식 자체가 아주 재미있지만 더욱 흥미로운 것은 언어, 습관, 민족, 문화와 관계없이 전 세계의 유아가 특정 연령일 때 이러한 표현 형식으로 인간의 모습을 그린다는 점입니다.[37][38] 왜 이러한 두족 표현이 보편적으로 나타나는지는 아직 확실히 알지 못합니다. 지금까지 제안된 학설 중 하나로는 "아이는

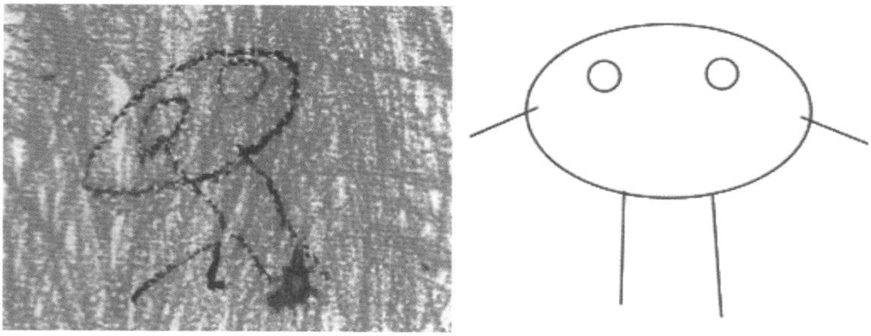

그림 6.6 세 살 유아가 묘사한 두족인 그림

본 대로가 아니라 아이에게 중요한 것을 능동적으로 그린다"는 엥의 학설이 있습니다(주지설).[39] 다시 말해 아이는 자신의 주의를 끄는 것만 자유롭게 그리는 것이 아닐까 하는 것입니다. 어린아이에게는 얼굴이 가장 중요하고 손발은 덤 정도이며 몸통의 경우 있으나 마나 한 것인지도 모릅니다. 또한 두족 표현은 5~6세경에 싹 사라진다는 것도 알려져 있습니다. 여기에는 언어 발달의 영향이 지적되고 있습니다. 말하자면, 그 나이가 되면 얼굴, 배, 다리 등 인체의 형태가 언어를 통해 의식되기 시작하기 때문이 아닐까 하는 것입니다.

일부 예술가들은 아이가 그리는 그림 속에 보편적인 예술의 정수가 숨어 있다고 생각해서 '원시 예술'이라고 이름 붙였습니다. 파울 클레나 칸딘스키, 피카소 등은 아이가 그린 것 같은 회화 작품을 많이 남겼습니다. 클레는 아들 펠릭스가 그린 그림을 다른 아이들의 그림과 함께 소중히 수집하여 연구하기도 했다고 합니다.

그러나 아무리 아이가 그리는 방식을 연구하고 흉내를 내어도 어른이 정말로 아이와 똑같이 그리는 것은 불가능하지 않을까요? 우리는 언어나 문화 등을 통해 학습하게 된 지식에서 자유로워질 수 없습니다. 스트라빈스키 초상화의 모사나 무니 페이스가 좋은 예였죠. 예를 들어, 두족 표현을 마스터했다고 해도 그것은 하나의 표현 방법을 지식으로 획득한 것에 지나지 않습니다. 비슷한 것을 그릴 수는 있겠지만 어디까지나 획득한 표현 방법을 의식해서 사용하고 있는 데 지나지 않습니다. 두족 표현이라는 수단이 아니라 엥이 말한 것처럼 아이가 세계를 보는 관점 자체에 보편적인 것이 있다고 생각합니다. 그것은 단지 두족 표현을 흉내 내는 것만으로는 도달할 수 없습니다. 그러한 관점에 따라 그려진 것은 어른이 지식에 따라 그리는 것이나, 카메라로 찍는 것처럼 완전히 베끼는 것과도 다릅니다. '아이가 그리는 그림'과 '아이가 그린 것처럼 보이는 그림'은 그 과정이 완전히 다른 것입니다. 거기에는 결코 메울 수 없는 틈이 있다고 할 수 있습니다. 순수한 눈은 역시 다시 돌아오지 않습니다. '아이가 그리는 그림은 다르구나' 하고 알게 되는 때는 이미 어른이 되어있을 테니까요.

앞에서도 언급했지만 아기와 아이의 발달과학과 동물 행동 연구(비교인지과학)는 심리학과 인지신경과학에서 중요한 분야입니다. 비교인지과학은 진화심리학, 행동생물학, 동물생태학, 신경과학 모두에 걸친 분야로, 인간과 다른 생물 간의 인지 기제의 비교를 통해 심적 기능의 발달이나 진화에 대해 연구하고 있습니다. 인간에 비하면 단순한 동물을 연구하여 그 결과를 인간에 대한 이해와 연결합니다.

동물과 아기의 행동에서 아름다움과 예술의 유래에 대해 생각하는 접근은 지금까지의 신경미학에서는 이루어지지 않았습니다. 동물, 아기, 어른, 그리고 예술을 창조하는 예술가, 이 넷을 대상으로 한 연구의 비교와 통합에서 미와 예술에 대한 새로운 이론이 탄생할 거라는 생각이 듭니다. 동물 연구에서는 캘리포니아대학교 샌디에이고캠퍼스 교수 빌라야누르 라마찬드란의 '정점 이동(peak shift) 이론',[40] 니콜라스 틴베르헌의 '네 가지 질문',[41] 하버드대학교 교수 스티븐 핑커의 '치즈케이크 이론'[42] 등 지금까지 많은 흥미로운 생각이 발표되었습니다.* 여기서 그 전부를 소개할 수는 없지만, 미

---

* [역주] 라마찬드란의 '정점 이동'은 대상의 특징적 부분을 더 과장되게 표현했을 때 동물의 선호도가 높아진다는 가설이다. 예를 들어 정사각형보다 직사각형을 선호하도록 훈련받은 쥐들은 더 과장된 비율의 직사각형을 선호한다는 실험 결과가 있다. 유사하게 사람들도 인물의 초상적 특징이 과장되게 표현된 캐리커처를 선호하는 경향이 있다. 틴베르헌의 '네 가지 질문'은 동물의 행동을 설명하기 위해 제시된 네 가지 이해의 범주를 말한다. 즉 유기체의 구조가 '어떻게' 기능하는가, 종이나 개체군이 '왜' 적응적 구조를 발달시켰는가, 시간의 흐름에 따라 유기체의 개체나 종이 어떻게 발달 또는 진화했는가(통시성), 현재 종이나 개체군이 어떤 상태에 있는가(공시성) 하는 네 개의 범주가 있다. 스티븐 핑커는 예술을 진화론적 적응의 부산물이라고 보았다. 가령 음악은 "청각적인 치즈케이크"와도 같다. 말하자면, 치즈케이크는 지방과 설탕을 축적하려는 우리의 진화적 욕구를 충족시키지만, 치즈케이크에 대한 욕망 자체는 진화된 것이 아니라 진화의 부산물이라는 것이다. 치즈케이크 먹기는 즐겁지만 생물학적으로는 무의미하다고 하겠는데, 음악 감상도 이와 마찬가지라고 할 수 있다.

와 예술에 대해 동물의 행동으로 접근한 연구에 흥미가 있는 분은 이 책과 같은 시리즈인 교리쓰 스마트 선집 『미의 기원』(와타나베 시게루)[43]과 『인간은 춤춘다, 새도 춤춘다』(야마모토 에리코, 근간)도 참조해 주세요.

이 장에서 소개한 것처럼 빙하기 시대의 표현 방법이나 문화와 지식을 흡수하기 전인 아기의 눈에 비치는 세계, 혹은 불필요한 정보를 없앤 단순한 시각 표현에서 변하지 않는 가치를 발견할 수 있을지도 모릅니다. 그리고 그것을 통해 우리가 느끼는 다양한 아름다움 중 일부에 대해 설명할 수 있을지도 모릅니다.

그러나 한편으로 어떤 의미에서는 원시적이고 지나치게 순수한 이런 것들이 예술을 추구하는 마음이나 선한 심성에서 미를 찾아내는 정신과 같은 선상에 있는 것인가 생각하면, 어딘가 다른 것 같다고 생각됩니다. 오히려 생물학적인 '유쾌함'이나 단순한 쾌의 감정에 가까울지도 모릅니다. 지금까지 소개해온 내측 안와전두피질을 중심으로 한 아름다움의 경험에 관계하는 뇌 영역도 그 대부분이 뇌 안의 보상 체계에 포함되어 즐거움의 감정에 밀접하게 연결되어 있습니다.

여기서 의문이 생깁니다. 아름다움이란 즐거움일까요? 미와 쾌는 구분하기 어려운 것 같습니다. 다음 장에서는 이 둘의 관계에 다가가보겠습니다.

6

시각뇌와 몬드리안

추상미술, 특히 몬드리안을 비롯한 환원주의적 회화도 시각뇌의 구조와 깊은 연결고리를 갖는 예술 양식이라고 할 수 있습니다. 망막을 통과한 시각 정보는 외측 슬상핵과 시상침을 경유하여 1차 시각피질(V1)로 보내집니다. V1은 시각 정보처리의 첫 단계로서 여기에서 선분, 모서리, 대비 등의 기본적인 물리적 특징이 처리됩니다. V1에 배치되어 있는 신경세포는 '방향 선택성 세포'라 불리고, 선분의 방향을 검출하는 성질을 가지고 있습니다.[44] 각 세포는 각각 선호하는 방향의 범위를 가지고 있어서 그 이외의 방향의 선분에는 반응하지 않습니다(그림). 특정 방향에 선택적으로 반응하기 때문에 방향 선택성 세포라고 불리는 것입니다. (V1에는 특히 수직과 수평 방향에 선택성을 가지는 세포가 다른 방향 세포보다 약간 많다는 보고도

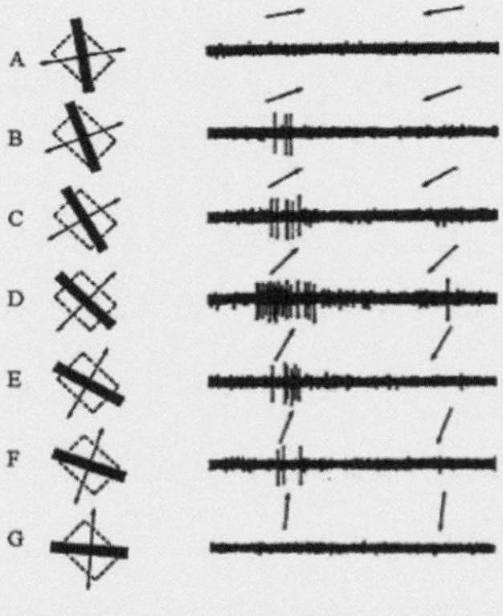

원숭이의 V1의 방향 선택성 세포의 반응 선택성 (Hubel & Wiesel, 1968에서 인용)

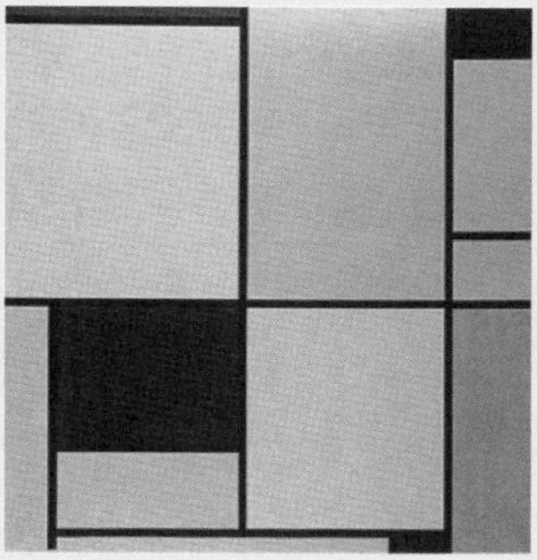

몬드리안의 작품(〈타블로 ⅠTableau Ⅰ〉, 1921, 헤이그 시립미술관)

있습니다.) V1 이후의 시각피질은 V1의 방향 선택성 세포로부터 정보를 받아 더 넓은 수용장에서 처리를 진행시켜나갑니다. 방향 선택성 세포의 성질을 발견해 노벨상을 수상한 허블과 비셀은 이를 근거로 삼아 방향 선택성 세포야말로 시각 정보에서 신경생리학적인 '최소 단위(building blocks)'라고 생각했습니다. 즉, 방향이 있는 직선이 모든 시각 정보의 기저에 있으며 모든 물체는 이를 바탕으로 (뇌 안의 정보로서) 조립되어 재구성되어간다고 주장한 것입니다.

이것은 피에트 몬드리안이 예술적 실험을 통해 도달한 결론, 즉 시각 요소의 최소 구성 요소는 수직과 수평의 직선이라는 결론과 같다고 할 수 있습니다. 몬드리안의 결론은 허블과 비셀의 과학적 발견보다 30년이나 앞선 것으로, 접근 방식은 다르지만 신경생리학적으로 보면 몬드리안의 작품은 시각뇌의 구조에 '최적화'된 양식이라고 간주할 수 있습니다. 신경과학과 예술 양식의 이러한 유사성은 환원주의적 작품에 대한 시지각에서도 어떤 역할을 하고 있을 것입니다.

단순한 선분이나 기하학적 무늬 이상의 고차적인 시각 자극, 가령 물체나 얼굴 등은 주로 측두엽의 물체 인지에 관련된 뇌 영역이 처리를 담당하고 있습니다. 이들 영역의 작용에는 흥미로운 점이 있습니다. 그것은 인지에 의해 꾸며지기 쉽다는 것입니다.

예를 들어 얼굴 지각에 중요한 뇌 부위인 하측두엽 방추상회의 활동은 주의, 기억, 선호도 등의 인지 과정에 크게 영향을 받는다는 것입니다. 얼굴이나 풍경, 또는 정물은 그 자체에 (언어적 · 기능적 · 정서적으로) 명확한 구상적 의미가 있습니다. 그러한 자극에는 불가피하게 인지 과정의 영향이 나타나서 그것이 뇌 안의 정보 처리에도 반영되는 것입니다. 그런 한편,

V1에서 이루어지는 정보 처리 과정은 자동적 · 기계적인 처리를 주로 하며, 주의 등의 인지적 편향에 따른 영향을 잘 받지 않는다고 알려져 있습니다.

환원주의적 회화는 기계적인 '시각 기계'의 처리에 최적화된 시각 특징을 가짐으로써 작품 이외의 맥락이나 경험 또는 교육이나 문화 등의 영향에 좌우되지 않고 어느 시대나 어떤 문화에 속한 감상자이든 똑같이 지각되는 데 성공하고 있는지도 모릅니다. 시각 예술은 시각인 이상 시각뇌의 정보 처리를 거치지 않을 수 없습니다. 그리고 여기서 기술한 시각피질의 견고성은 어쩌면 추상미술이 가지는 보편성에 중요한 역할을 맡고 있는지도 모릅니다.

시각뇌와 추상미술에 대해 유사한 예를 하나 더 소개하겠습니다. 알렉산더 칼더는 키네틱 아트의 선구자 중 한 명으로, 〈모빌〉이라는 움직이는 작품으로 유명합니다. 칼더의 모빌은 초기에는 원색으로 채색되어 모터에 의해 일정한 방식으로 움직이는 것이었습니다. 그러나 점차 실내의 자연스러운 공기의 흐름을 이용하는 움직임으로 바뀌고, 후기에는 흰색이나 검은색의 단색이나 흑백의 두 가지 색조로 바뀝니다. 이러한 작풍의 변화는 사실 V5의 성질을 놀라울 만큼 반영하고 있습니다.

V5는 운동에 반응하는 뇌 부위입니다. 그 활동이 가장 강해지는 것은 불규칙한 움직임을 보고 있을 때라고 알려져 있습니다. 더욱이 V5의 활동은 색을 처리하는 뇌 부위인 V4의 활동과 경합하는 관계에 있습니다. 말하자면, V5의 활동이 최적화되는 것은 ① V4를 활동시키지 않는 무채색의 사물이 ② 시야 안에서 불규칙하게 움직이고 있을 때라는 것입니다. 이것은 칼더가 모빌에 적용해나간 변경과 매우 비슷합니다.

몬드리안도 칼더도 물론 뇌의 성질을 알고 있었던 것은 아닙니다. 그러나 신경생리학자들이 발견하기 수십 년도 더 전에 미술가들은 자신들의 경험을 바탕으로 그것을 알아채고서 이용하고 있었는지도 모릅니다.

VII

즐거움과 아름다움

1. 아름다움은 즐거움인가?
2. 즐거움의 감정을 분류하다
3. 즐거움의 뇌 활동
4. 두 가지 보상 체계
5. 두 가지 아름다움

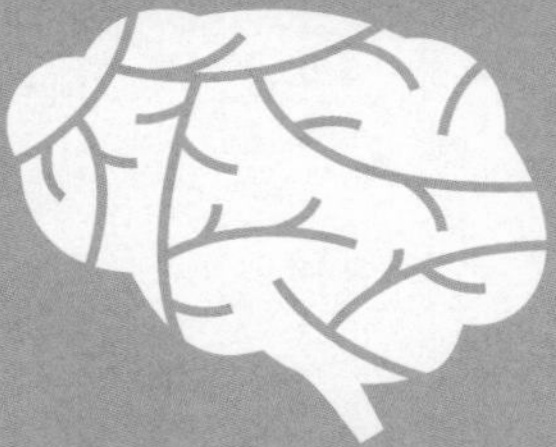

1.
아름다움은 즐거움인가?

우리는 좋아하는 작가의 작품을 보고 기쁨을 느낍니다. 아름다운 일몰을 보고 편안함을 느낍니다. 아름다움을 느낄 때 많은 경우 우리는 동시에 편안함, 기분 좋은 즐거움의 감정도 느낀다고 할 수 있습니다. 이 책의 전반부에서 소개했듯이 아름다움의 경험에 관한 뇌 연구에서는 안와전두피질 외에도 보상과 관련된 뇌 부위, 즉 복측 선조체나 미상핵 같은 부위의 활성화도 자주 볼 수 있습니다. 아름다움을 경험할 때 뇌의 보상 체계가 활성화된다는 것은 아름다움이라는 경험 자체가 '보상으로서의 가치'를 포함한다는 것을 나타낸다고 할 수 있습니다. 그렇다면 하나의 의문이 생깁니다. 아름다움은 즐거움일까요?

확실히 아름다움의 경험과 즐거움을 분리하는 것이 매우 어려운 것은 사실입니다. 미적 경험을 할 때 안와전두피질을 중심으로 활성화되는 뇌의 영역도 방금 언급한 대로 그 대부분이 보상 체계에 포함됩니다. 즉, 원래 즐거움의 감정과 밀접하게 관련되어 있는 영역인 것입니다.

이제 아름다운 미술작품을 보거나 아름다운 음악을 듣고 있을 때 볼 수 있는 뇌 상태 A가 있다고 가정해봅시다. 그리고 이러한 뇌 상태 A가 맛있는 햄버거를 먹을 때 혹은 성행위를 할 때 느껴지는 즐거움과 같이 '아름다움 외의 즐거움'을 경험할 때의 뇌 상태 B와 다르지 않다면, 뇌 활동 A의 발견은 아름다움에 관한 연구에 아무것도 추가하지 않은 것이 아닐까요? 그러한 의심이 생길지도 모릅니다. 아름다움이 즐거움이라면 뇌 상태 A는 단순히 즐거움에 의해 일어나고 있다고 생각되기 때문입니다.

하지만 아름다움과 즐거움을 완전히 구분하는 것이 어렵다 하더라도 아름다움은 즐거움과 동일한 것일까요? 아무래도 그렇게 생각되지는 않습니다. 예를 들어, 아름다움은 대부분의 경우 기분 좋은 즐거움의 감정을 동반합니다. 이것은 대개 맞는 것 같습니다. 그러나 반대로 즐거움을 주는 것이 반드시 아름다울 필요는 없지요. 음식, 섹스, 마약 등은 각각 즐거움을 줄 수 있지만 아름다울 필요는 없습니다. 그렇다면 이 문제에서 먼저 밝혀야 할 것은 다음과 같습니다.

> '아름다움을 수반할 필요가 없는 즐거움'과 '아름다움으로부터 초래되는 즐거움' 사이에는 어떤 차이가 존재할까요? 양자는 구별 가능할까요?

이 질문에 대한 대답을 찾기 위해서는 우선 즐거움 자체에 대해 잘 알아야 할 것입니다.

본디 즐거움이란 무엇인가요? 혀 위에서 녹는 초콜릿의 맛, 방금 내린 비 냄새, 듣기 좋은 바이올린 음색, 연인의 머리카락 감촉 등은 다양한 즐거움을 줄 수 있습니다. 즐거움의 다양성은 아름다움의 다양성에도 뒤지지 않습니다. 아름다움과 즐거움의 관계를 알기 위해 우선 즐거움을 분류해보는 것부터 시작합시다.

2.
즐거움의 감정을 분류하다

심리학이나 인지신경과학에서는 '보상'을 받는 것으로 '즐거움'의 감정, 즉 쾌감을 느낀다고 생각합니다. 그렇다면 보상에는 어떤 것이 있을까요?

예를 들어, 목이 마를 때의 물이나 배가 고플 때의 초콜릿 등은 이해하기 쉬운 보상입니다. 이 보상 유형은 신체에 직접 작용하기 때문에 '생리적 보상' 또는 아주 기초적이고 단순한 보상으로서 '1차 보상'이라고 합니다. 음식 외에도 수면이나 마약, 섹스도 이 유형에 해당합니다.

다음으로 1차 보상인 물이나 음식 등과 교환할 수 있는 것, 즉 초콜릿을 살 수 있는 돈이나 상품권도 쾌감을 일으킵니다. 돈 그 자체는 먹을 수 없지만, 다른 것으로 교환할 수 있는 '화폐'라는 가치라고 학습됨으로써 보상이 됩니다. 이것을 '학습 획득 보상' 또는 1차 보상에 대한 '2차 보상'이라고 합니다. 어쨌든 1차 보상도 2차 보상도 결국은 생리적인 보상으로 이어져 쾌감을 얻게 됩니다.

그런데 음식이나 돈과 같이 이해하기 쉬운 것만이 보상은 아닙니다. 예를 들어, 다른 사람들과의 연결이나 사회적 교류가 있습니다. 어려운 사람을 돕는 행위나 자신을 희생해서 사회에 공헌하는 행동 혹은 학대를 당한 사람을 구하는 정의로운 행위로 우리는 주위 사람들로부터 칭찬을 받게 됩니다. 이러한 사회적 칭찬도 보상이 될 수 있습니다. 이것을 '사회적 보상'이라고 부릅시다. 영예와 명예 같은 것도 비슷한 범주에 들어갑니다. 복잡하고 긴밀한 사회를 만들어 생활하는 사회적 동물인 우리 인류에게 타인과의 관계는 매우 중요합니다. 그러므로 타인에게 칭찬받거나 타인과 좋은 관계를 쌓는 것이 중요한데, 이는 보상으로서의 인센티브를 가지고 있을지도 모릅니다. 여기서는 인간이 태생적으로 선하다는 성선설에 대해 논의하지 않지만, 타인을 돕거나 협력하는 것 같은 사회적인 요인이 우리에게 긍정적인 가치로 여겨진다는 점은 의심의 여지가 없습니다. 사회적 보상 자체는 생리적 변화와 관계가 없지만, 외부에서 얻은 보상이라는 면에서 다른 보상과 유사하게 '외적 보상'이라고 할 수 있습니다.

그렇다면 다른 사람을 도울 수는 있지만, 자신 이외의 다른 누구에게도 알려지지 않는다면 어떨까요? 키다리 아저씨 같은 경우입니다. 사실 이런 경우에도 자기희생의 값을 치르더라도 타인을 돕는 것 자체에 보상을 느낀다는 연구 보고가 있습니다. 아무런 외적 보상이 주어지지 않는데 그 행위를 하는 것을 '내적 보상(내적 동기부여)'이라고 부릅니다. 간단히 말하면 '그 일을 하는 것을 좋아하기 때문에, 스스로 하고 싶기 때문에 한다'는 것입니다. 누군가 보지 않는데도 그림을 그리거나, 누군가 듣지 않는데도 노래를 부르는 것 같은 예술 창작 행위도 내적 보상이라고 할 수 있을 것입니다. (상업적인 목적으로 하는 예술 행위의 경우는 예외일지도 모르겠습니다.)

3.
즐거움의 뇌 활동

보상을 받고 즐거움을 느낄 때 뇌는 어떻게 작동할까요? 일단 간단히 생리적인 보상과 내적인 보상을 모두 '보상'이라고 부르기로 합시다. 이후에도 뇌 부위의 명칭들을 계속 언급하겠지만, 여기서 전부 기억할 필요는 없습니다. 보상과 즐거움에 대한 뇌 기제의 연구는 쥐나 원숭이 같은 동물을 이용한 연구에서 시작되어 1990~2000년대에 인간을 대상으로 한 fMRI 연구까지 오랜 역사를 가지고 있습니다. 그 덕분에 즐거움에 관련된 뇌의 활동은 어느 정도 잘 이해되고 있습니다.

즐거움을 느낄 때 반응하는 뇌의 회로를 살펴봅시다. 즐거움의 감정은 뇌의 여러 부위를 활성화시킵니다. 이러한 영역을 가리켜 '뇌의 보상계'라고 부릅니다. 지금까지 여러 번 언급한 보상 체계입니다. 뇌의 안쪽 깊은 곳에 있는 진화적으로 오래된 뇌 영역인 중뇌의 복측 피개 영역, 흑질 치밀부, 대뇌 기저핵의 선조체(측좌핵, 피핵,

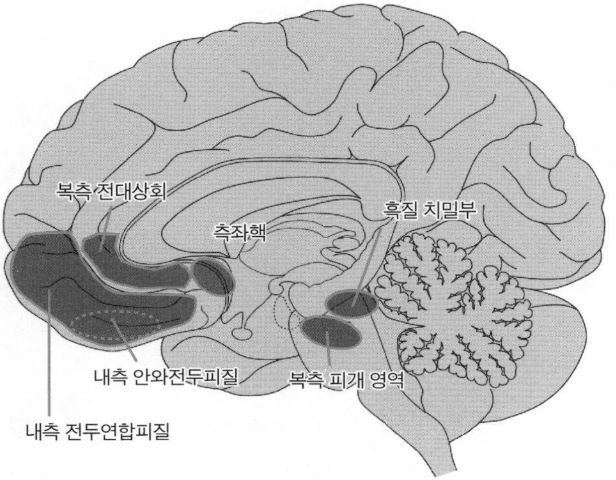

그림 7.1 쾌 · 보상에 관련된 주요 뇌 부위(뇌의 안쪽 면)

미상핵), 편도체, 그리고 비교적 새로운 대뇌 신피질의 내측 안와전두피질, 내측 전두연합 영역, 복측 전대상회와 섬피질이 즐거움의 감정과 관련되어 있다고 알려져 있습니다. 그중에서도 특히 선조체의 측좌핵, 피핵, 미상핵, 안와전두피질에서도 활성화가 일어납니다(그림 7.1).[45] 측좌핵이 있는 선조체 하부는 '복측 선조체'라고 불리는 특히 중요한 부위입니다.

그렇다면 이러한 뇌 부위의 활동과 관련된 신경전달물질은 무엇이 있을까요? 신경전달물질은 뇌의 신경세포가 인접 세포에 신호를 전달하기 위해 세포의 끝에서 방출됩니다. 신경전달물질에는 도파민이나 세로토닌, 옥시토신 등 다양한 종류가 있으며 그 역할도 다르다고 이해되고 있습니다. 쾌락의 신경전달물질이라고도 불리는 도파민이나 뇌의 마약이라고도 불리는 칸나비노이드, GABA 등은 들어본 적이 있을 것입니다.

예를 들어, 대뇌 신피질의 안와전두피질은 주로 도파민에 의해 활성화됩니다. 도파민은 보상이나 동기부여, 운동의 실행 등에 관련된 신경전달물질입니다. 한편 대뇌 변연계에 있는 또 다른 보상계 부위인 복측 선조체에서는 도파민에 비해 GABA 혹은 엔케팔린이라고 불리는 신경전달물질이 활성화 작용에 관여하고 있습니다.[45] 엔케팔린은 오피오이드, 즉 아편과 유사한 물질(뇌 안의 모르핀과 칸나비노이드)로, 약물 의존에도 깊은 관련이 있다고 이해되고 있습니다.

물론 신경전달물질과 뇌 부위의 활성화가 일대일로 대응하는 것은 아닙니다. 특히 복측 선조체는 '피질 → 선조체 → 시상부 → 피질'과 같이 복수의 신경전달물질이 복잡하게 상호작용하는 피드백 회로입니다. 뇌는 그렇게 단순한 체계가 아닙니다. 이 점에 주의할 필요가 있습니다.

4.
두 가지 보상 체계

앞에서 언급한 즐거움의 분류대로 초콜릿이나 물은 우리의 신체에 직접 작용하는 점에서 생리적인 보상입니다. 반면에 다른 사람의 칭찬이나 내면의 즐거움은 사회적 · 내적 보상입니다. 이처럼 생리적 보상과 사회적 · 내적 보상은 질적으로 다른 두 종류의 보상이지만, 둘 다 뇌의 보상계를 활성화시키는 것을 볼 수 있었습니다. 생리적 쾌감이 없는 사회적 · 내적 보상이 생리적 보상과 밀접한 뇌의 회로를 자극하는 것은 그 자체로도 흥미로운 일입니다. 그런 한편, 우리는 이 두 종류의 보상에 각각 다른 성질이 있을지도 모른다는 것을 알고 있습니다. 거기에 초점을 맞추고 조금 더 이야기해봅시다.

우선 생리적 보상을 받고 있을 때는 보상계 중에서도 뇌 안에 깊숙이 있는 대뇌 변연계의 복측 선조체가 특히 강하게 작용합니다. 반면, 사회적 보상이나 내적 보상, 즉 직접적으로는 생리적인 쾌감을 일으키지 않는 종류의 보상에는 전두엽 하부의 안와전두피질이나 미상핵이 더 강하게 작용하는 것으로 보입니다. 100% 분리할 수는 없지만, 많은 연구 결과를 통합하면 이러한 경향을 볼 수 있습니다.[46] (다음 절의 '두 가지 아름다움'을 참고하세요.)

또한 복측 선조체와 안와전두피질의 작용은 서로 비슷하면서도 조금 다릅니다.

안와전두피질의 활성에서 주요한 역할을 하는 도파민에 대해 옥스퍼드대학교와 시카고대학교의 연구팀이 실시한 흥미로운 실험을 소개하겠습니다. 이들은 약물에 의해 뇌 안의 도파민 농도를 인공적으로 높인 쥐와 유전자를 변형하여 도파민을 만들 수 없게 한 쥐를 준비했습니다. 한쪽은 도파민이 과다하고, 다른 한쪽은 도파민이 부족합니다. 쥐는 설탕물을 좋아하기 때문에 그것을 주면 입 주위를 날름날름 핥는 것과 같은 '즐거운 몸짓'을 보입니다. 그렇다면 이 두 마리의 쥐는 설탕물을 받았을 때 어떤 행동을 취했을까요?

우선 도파민이 과다한 쥐는 설탕물을 발견하자 기세 좋게 달려가 핥았습니다. 이 쥐는 달콤한 보상에 대한 욕구가 높은 것 같았지만, 입술을 날름날름 핥는 행동은 오히려 보통 쥐보다 횟수가 줄어들었습니다. 즉 도파민이 과다하다고 해도 즐거움이 커지는 것은 아닙니다. 이에 반해, 도파민을 생성할 수 없는 쥐는 설탕물을 보고도 전혀 관심을 보이지 않았습니다. 즉, 보상에 대한 욕구를 전혀 보이지 않았습니다. 그렇지만 도파민이 부족한 쥐는 설탕물을 입에 넣어주자 입술을 핥으며 즐거움을 나타내는 몸짓을 취했습니다.[47]

이것은 매우 흥미로운 차이입니다. 옥스퍼드대학교의 버리츠(Beritz)와 그의 동료들은 이 실험에서 도파민은 '좋아하는 것'보다 '원하는 것'에 더 강하게 관련되어 있다고 해석해 안와전두피질을 '욕구의 회로'라고 생각했습니다. 욕구 회로는 우리를 무언가에 동기 부여하는 '동기의 회로'라고도 할 수 있습니다. 다시 말해, 안와전두피질은 단순히 즐거움에 반응하는 것보다 오히려 욕구나 동기에 강하게 관여하고 있다고 생각된 것 같습니다. 그렇다면 복측 선조체는 어떨까요? 버리츠 연구팀의 친숙한 연구를 통해 이 부위는 즐거움을 경험하는 데 중요하다는 것을 알게 되었습니다. 복측 선조체의 측좌핵, 그중에서도 '외피'라고 불리는 부위가 즐거움의 발생에 직접적으로 관련되어 있는 것을 밝혀냈습니다. 이 뇌 부위는 '좋아하는 것'에 깊이 관련되어 있기 때문에 '기호(嗜好)의 회로'라고 명명되었습니다.

일련의 실험을 통해 안와전두피질계와 측좌핵(외피)계의 두 체계가 각각 '원하는 것'과 '좋아하는 것'에 대응한다고 파악할 수 있었습니다. 이에 따라 버리츠 연구팀은 두 체계를 각각 '욕구의 회로'와 '취향의 회로'로 구별하기로 했습니다.[48]

흥미로운 점은·이렇게 나눔으로써 각 보상 시스템의 작용 조합이 탄생한다는 것입니다. 즉 '원하고 좋아하는 것', '원하지는 않지만 좋아하는 것', '원하지만 좋아하지 않는 것'과 같은 상태들이 있을 수 있습니다. 보통은 좋아하는 것과 원하는 것을 분리하기 어렵습니다. 예를 들어 약물 의존증은 '원하지만 좋아하지 않는 것'과 같은 무한한 욕구의 상태라고 할 수 있습니다. 앞서 소개한 도파민이 과다한 쥐와 비슷한 상태라고 생각할 수 있겠습니다. 버리츠와 동료들의 연구는 두 가지 보상회로의 구별 가능성을 보여줬다는 점에서 즐거움에 관한 연구에서 중요한 성과라고 할 수 있습니다.

또한 최근 인간을 대상으로 한 fMRI 실험들은 측좌핵과 안와전두피질의 활성 시점이 각각 다르다는 점을 밝혀냈습니다.[49] 간단히 말하면, 측좌핵이 먼저 반응하기 시작한 다음에 안와전두피질이 서서히 활성화된다는 것입니다. 이 활성 시간의 차이로 인해 연구자들은 안와전두피질이 단순한 즐거움에 대해 반응하기보다는 사물이나 사건에 대해 의식적으로 가치를 부여할 가능성이 있다고 보고 있습니다.[50]

표 7.1 복측 선조체(특히 측좌핵)와 안와전두피질의 특징

	복측 선조체(측좌핵)	안와전두피질
주로 반응하는 보상	생리적 보상	사회적 보상
관련 성질	기호(좋다)	욕구와 동기(원한다)
반응 시간	빠름	느림

이상을 정리하면, 복측 선조체(측좌핵)와 안와전두피질이 즐거움에 대해 보여주는 성질 차이는 다음과 같을 것입니다. 즉 ① 측좌핵은 생리적 보상에 대해 빠르고 직접적인 반응을 보이는 반면, ② 안와전두피질은 생리적 쾌감을 동반하지 않는 보상에도 천천히 반응합니다. 전자의 반응은 명확하고 알기 쉬운 생리적 보상에 대한 것이지만, 후자의 반응에는 그러한 보상이 반드시 필요하지 않으며, 내적 · 사회적 보상에 대한 의식적인 의의와 가치부여에 관계하고 있을 가능성이 있습니다(표 7.1).

물론 즐거움은 복잡한 경험입니다. 욕구, 기대, 흥분, 만족 등 다양한 정신 상태가 얽혀 있습니다. 그러므로 이것들을 분리하는 것은 어렵고 위험하다고 할 수 있습니다. 그러나 지금까지 살펴본 연구 성과들을 종합해보면, '즐거움'과 '보상'에는 다양한 종류가 있으며 그 기저에는 각기 다른 뇌신경 체계가 관여한다는 것을 알 수 있습니다.

5. 두 가지 아름다움

즐거움의 종류와 그 기저를 이루는 뇌의 보상 체계에 관해 대략적으로 살펴봤으니 다시 처음의 질문으로 돌아가 봅시다. 원래 던졌던 질문은 '아름다움은 즐거움인가?'였습니다. 이것은 한 줄로 답할 수 없는 질문임을 알 수 있지요. 왜냐하면 즐거움에는 적어도 두 종류가 있기 때문입니다. 생리적 보상에 의한 즐거움과 사회적(또는 내적) 보상에 의한 즐거움 말이지요. 그렇다면 아름다움은 어떨까요? 즐거움의 분류에 따라 아름다움에 대해 재검토해볼 수 있지 않을까요? 여기서 생각해봅시다.

아름다움은 생리적 · 생물적 욕구, 필요성에 뿌리를 둔 아름다움과 그렇지 않은 아름다움, 즉 학습이나 경험, 또는 사회적 교류를 통해 획득된 아름다움으로 나누는 것이 가능할지도 모릅니다.

가령 전자는 (살아있는 사람의) 얼굴과 신체에서 느끼는 아름다움입니다. 신체적 외모의 아름다움은 그 사람이 건강한지 혹은 배우자(파트너)로서 적절한지를 판단하는 기준이 될 것입니다. 자손을 남기는 생명체로서의 본능적인 욕구에 근거한 아름다움이라고 할 수 있습니다. 물론 현대사회에서 배우자 선택에는 다른 요인(경제성, 종교, 사회 계층 등)도 얽혀 있지만, 그래도 신체적 외모의 매력은 여전히 우리에게 강력한 동인의 하나입니다.

그 밖에 생물적인 욕구에 근거한 다른 아름다움은 없을까요? 거주지 또한 이러한 아름다움의 범주 중 하나일 수 있습니다. 깨끗하고 안전한 거처는 생존에 필요하기 때문입니다. 캐나다의 한 연구팀은 직선과 모서리로 구성된 실내 공간보다 곡선으로 이루어진 공간에서 아름다움을 더 쉽게 느낀다는 점을 발견했습니다.[51] 이 연구팀은 곡선으로 구성된 공간이 부드럽고 안전하다는 인상을 강하게 주기 때문에 이러한 특징이 주거공간의 아름다움과 연관성이 있다고 생각하고 있습니다.

이와 같이 얼굴이나 신체, 그리고 건물과 관련된 아름다움은 배우자와 안전한 거처 같은 생리적 · 생물적 욕구에 근거하고 있다고 할 수 있습니다. 즉, 생리적 보상에서 발견되는 아름다움입니다. 이를 '생물학적 아름다움(biological beauty)'이라고 부릅시다.

특히 얼굴의 아름다움은 서로 다른 문화적 배경을 가진 사람들 사이의 편차가 적다는 점이 밝혀졌습니다.[52] 즉, 한 문화권에서 자란 사람이 다른 문화권에서 아름답다고 간주되는 얼굴과 체형을 볼 때 그 문화권에서 자란 사람들과 유사하게 아름답다고 느낀다는 것입니다. 100%는 아니더라도 문화와 교육에 좌우되지 않는 보편적인 반응을 가진 아름다움이라고 할 수 있습니다. 이것은 얼굴의 아름다움이 보편적인 생물학적 욕구에 기초한다는 사실에 근거해 설명될 수 있습니다.

한편, 사회적 · 내적 보상에서 발견되는 아름다움에는 어떤 것이 있을까요? III장 '보이지 않는 아름다움'에서 소개했듯이 '도덕적으로 올바른 일'에서 느껴지는 도덕적 아름다움이나 수학에서 나타나는 수학적 아름다움은 문화적 규범의 학습이나 고도의 지식이 필요할 수 있으며, 모든 인간이 친숙하게 느끼는 아름다움은 아닙니다. 예술적 미의 경험도 아마도 이 범주에 들어간다고 생각해도 좋을 것 같습니다. 이것을 '고차원적 아름다움(high-order beauty)'이라고 명명해둡시다.

이상과 같이 아름다움의 경험은 두 가지 다른 종류가 있습니다. 즉 생물학적 욕구에 근거하는 보편성이 높은 아름다움(생물학적 아름다움)과 문화나 학습 등 후천적인 것에 영향을 받는 사회적 · 내적 아름다움(고차원적 아름다움)으로 나눌 수 있습니다.

실제로 캐나다와 중국의 공동 연구에서 어떤 인물의 행위가 도덕적으로 아름다운지 여부와 그의 신체적 아름다움을 판단하게 했더니, 신체미에 관해서는 복측 선조체와 안와전두피질 모두 활성화된 반면, 도덕미에 관해서는 안와전두피질만이 활성화되었다고 보고되었습니다.[12] 앞에서 말한 즐거움의 감정에서 안와전두피질과 측좌핵의 반응 특성 차이는 미적 판단에서 생물학적 아름다움과 고차원적 아름다움 사이의 차이와 동일합니다.

예술과 도덕에서 발견되는 아름다움은 단순한 생리적 욕구를 넘은 무언가이며, 그 기반으로 가정할 수 있는 뇌의 체계도 그 차이를 반영하고 있습니다. 그러므로 여기서 던질 수 있는 질문은 다음과 같습니다.

왜 우리는 배를 채워주지도 않고 성적 쾌감도 주지 않는 예술 작품이나 도덕적 혹은 정의로운 행위에서 내적 보상이나 사회적 보상을 느끼고 아름다움을 발견하는가? 이 질문에 대한 확실한 대답은 불행하게도 신경미학에서 아직 발견되지 않았습니다. 또한 여기서 제시한 생물학적 아름다움과 사회적 · 내적 아름다움의 구분은 하나의 가설에 지나지 않습니다. 경우에 따라서는 이 구분이 모호해질 수 있습니다. 그러나 아름다움과 예술의 구분을 이러한 형태로 재설정하는 것은 '아름다움은 즐거움의 별칭이다'라는 고정된 사고방식을 재검토하는 좋은 기회가 될 것입니다. 저는 뇌과학이 심적 상태의 기저를 이루는 뇌 활동을 가시화함으로써 인문학적 질문에 공헌할 수 있다고 생각합니다. 이에 관한 논의는 XI장과 XII장에서 이어가겠습니다. XII장에서는 여기서 제시한 생각을 바탕으로 아름다움의 역할과 고차원적 아름다움이 우리에게 어떤 의미를 주는지 논의하도록 하겠습니다.

지금까지 즐거움과 아름다움에 대해 이야기해왔지만, 여기서는 (특히) 현대미술의 세계를 살펴봅시다. 테이트모던이나 뉴욕근대미술관(MoMA)에서 개최되는 전시에서는 단순히 아름답기만 하지 않은 작품들을 많이 볼 수 있습니다. 마틴 크리드, 아니쉬 카푸어,

루시안 프로이드의 작품은 아름다움보다 먼저 두려움을 느끼게 하거나 두려움 속에서 아름다움을 느끼게 합니다. 불쾌감마저 일으키기도 하고 미추 또는 긍정과 부정의 단순한 이분법으로는 묘사하기 어려운 경우가 존재합니다. 그것은 고통과 슬픔, 즉 부정적인 감정을 동반하는 종류의 아름다움이라고 할 수 있습니다. 다음 장에서는 불쾌와 아름다움에 대해 이야기해봅시다.

VIII

부정적인 감정과 아름다움

1. 즐겁지 않은 아름다움
2. 숭고와 아름다움
3. 숭고와 사회성
4. 가상의 공포와 거리
5. 비애와 아름다움
6. 비애미의 뇌과학
7. 공감, 거리 그리고 예술

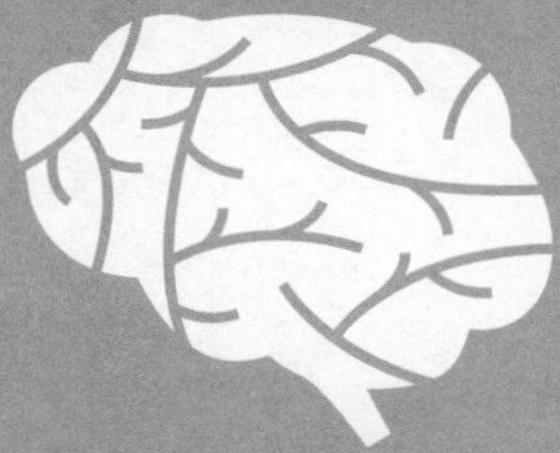

1.
즐겁지 않은 아름다움

앞 장에서는 즐거움과 아름다움의 관계에 대해 이야기했습니다. 이 장에서는 반대로 '즐겁지 않은' 것, 즉 부정적인 것과 아름다움의 관계에 대해 생각해보겠습니다.

아름다움과 부정성은 다소 상반되게 들립니다. 앞에서 살펴본 것처럼 아름다움은 긍정적인 것으로 파악되는 게 보통입니다. 아름다운 것은 기분 좋게 보입니다. 그렇기 때문에 즐거움과 아름다움을 분리하기는 어렵습니다. 그래서 여러분은 이와 반대로 부정적인 감정과 아름다움이 어떻게 연결되는지 궁금해할지도 모르겠습니다. 예를 들어 그랜드 캐니언이나 눈 덮인 몽블랑, 인간 따위를 순식간에 휩쓸어버리는 해협의 소용돌이처럼 장엄하고 웅장하고 신성한 것에 직면할 때, 우리는 압도적인 '경외감'과 함께 아름다움을 느낄 수도 있습니다. 거기에서 느끼는 아름다움은 르누아르의 그림 속 예쁜 소녀에게서 느끼는 밝고 부드러운 아름다움과는 이질적인 무언가를 포함하고 있습니다. 부모가 잠들어 있는 무덤 앞에 꽃

도로시아 랭, 〈이민자 어머니〉, 1936.

을 바치는 소녀의 모습이나 도로시아 랭의 작품 〈이민자 어머니Migrant Mother〉에서 절망 가운데 작은 희망을 발견하려는 표정 등에서 느껴지는 아름다움은 비통함과 애처로움을 숨긴 아름다움이라고 할 수 있습니다. 여기서 언급한 예시들을 볼 때 우리가 느끼는 것은 미적으로는 긍정적인(아름다운) 반면 정서적으로는 부정적인(슬픈, 무서운 등), 즉 긍정적이고 부정적인 것이 섞인 복잡한 감정이라고 할 수 있습니다. 이 장에서는 아름다움의 개념이 결코 즐거운 것에만 수반되는 것은 아니라는 점을 '숭고'와 '비애' 그리고 '거리'를 핵심으로 삼아 논의하려고 합니다.

2.
숭고와 아름다움

이 책을 쓰고 있을 때(2018년 5월) 하와이섬의 키라우에어 화산이 약 90년 만에 큰 분화를 일으켰습니다. 끝없이 피어오르는 연기와 어둠에 떠있는 생생한 붉은 마그마 등 현지의 모습이 보도되고 있었습니다. 굉장한 광경이 벌어지는 가운데 주의를 끌었던 것은 현지에 사는 사람들의 인터뷰였습니다. 화산과 함께 사는 하와이 사람들은 화산에 경외감과 존경심을 갖고 있다고 합니다. 그들은 분화 광경을 '끔찍하고도 아름답다(terrifying and beautiful)', '경이롭고 공포스럽다(wonderfully horrific)'고 말했습니다. 압도적인 공포와 함께 느끼는 긴장된 아름다움. 우리는 그와 같은 감정을 '숭고(sublime)'라고 부릅니다. 거기에는 어떤 종류의 아름다움이 있다는 점을 인정합니다. 그러나 그것은 사랑스러운 아이의 미소나 흩날리는 벚꽃에서 느끼는 아름다움과 분명히 다르다는 것도 알고 있습니다.

숭고라는 개념은 서양 철학에서 아름다움과 함께 중심적인 미적 범주로 간주됩니다. 고대 그리스의 롱기누스[위(僞)롱기누스]가 최초로 논했다고 하는데, 영어의 'sublime'이라는 표현이 사용되고 미학의 개념으로 발전한 것은 비교적 최근의 일입니다.

18세기 영국에서는 부유층과 상류 계급 사이에서 '그랜드 투어'가 활발하게 진행되었습니다. 그랜드 투어는 고전 문화와 르네상스 문화의 중심지인 이탈리아를 목적지로 삼아 사교와 유학을 경험하는 여행입니다. 호화로운 수학여행이라고 할 수 있는데, 귀족의 자제에게는 필수적인 교육이었습니다. 잉글랜드는 산과 계곡이 거의 없는 평평한 국토입니다. 그런 땅에서 자란 국민이 거대한 알프스산맥의 광경에 압도되는 것을 상상하기는 어렵지 않습니다. 자연환경의 기복이 심한 일본에서 태어나 자란 저도 알프스의 거대함 앞에서는 두려움을 느끼지 않을 수 없을 것입니다. 그랜드 투어에는 귀족 자제의 가정교사 겸 감시자 역할로 고용된 지식인과 학자가 대동했습니다. 경제학자 애덤 스미스와 극작가 존 데니스 등도 동행했다고 합니다. 태어나 처음으로 눈에 들어온 거대한 산맥은 그들이 알고 있던 조화로운 자연미와는 다른 강렬한 경험을 주었습니다. 존 데니스는 이것을 "즐거움, 공포, 절망의 혼란"이라고 표현했으며, 조지프 애디슨은 "호의적인 공포"라고 설명했습니다. 확실히 긍정적인 감정과 부정적인 감정이 뒤섞인 감정으로서 숭고의 경험을 표현한 것입니다.

자신의 비극 예술 비평에서 숭고 개념을 취하고 있는 알프레드 실러도 숭고가 쾌와 불쾌의 혼합 감정이라고 생각했습니다. 숭고는 에드먼드 버크, 칸트, 쇼펜하우어 같은 18~19세기 철학자들부터 데수아르,* 리오타르 같은 근현대 연구자에 이르기까지 철학적 논의의 중심 화제 중 하나로 논의되어온 개념이지만, 실은 그 정의에 관한 명확한 합의가 없다고 합니다. 이 책에서는 존 데니스와 조지프 애디슨이 말한 "긍정적인 것과 부정적인 것이 섞인 혼합 감정"이라는 입장을 취하겠습니다.

그렇다면 아름다움이나 즐거움과 공포가 혼합된 숭고는 우리가 지금까지 보아온 아름다움의 경험과 어떻게 다를까요? 아름다움의 경험이 일으키는 뇌 활동과는 다른 뇌 활동을 일으키는 것일까요? 이에 답하기 위해 우리는 뇌 기능 영상법을 이용하여 숭고를 느끼고 있을 때의 심적 상태와 관련된 뇌의 반응을 밝혀보았습니다.

이 실험에서는 화산과 산맥, 강력한 토네이도와 광대한 사막 등 숭고를 느끼게 하는 풍경 사진을 보고 자신이 느낀 숭고의 정도를 척도를 사용하여 보고하도록 요청했습니다. 그 결과, 숭고는 아름다움의 경험과는 놀라울 정도로 다른 뇌의 반응 패턴을 보인다는 것을 알 수 있었습니다(그림 8.1).[52] 숭고에 반응하는 주요 뇌 부위는 미상핵 앞부분과 피각, '해마 후부'라고 불리는 부위, 그리고 소뇌 일부였습니다. 미상핵 앞부분은 즐거움에 반응한다고 알려져 있지만, 피각과 해마 후부, 소뇌 일부는 증오, 공포 등 부정적인 감정의

* [역주] 막스 데수아르(Max Dessoir, 1867-1947)는 심리학과 정신분석학이 성립되던 19세기 말 활동했던 독일의 심리학자이자 철학자 및 미학자로, 동료 학자로는 피에르 자네, 지그문트 프로이트 등이 있다. 그는 자신의 저서 『미학과 일반 예술학』(1906)에서 기초적인 미적 형식을 아름다운 것, 추한 것, 비극적인 것, 희극적인 것, 그리고 숭고한 것으로 분류한 바 있다.

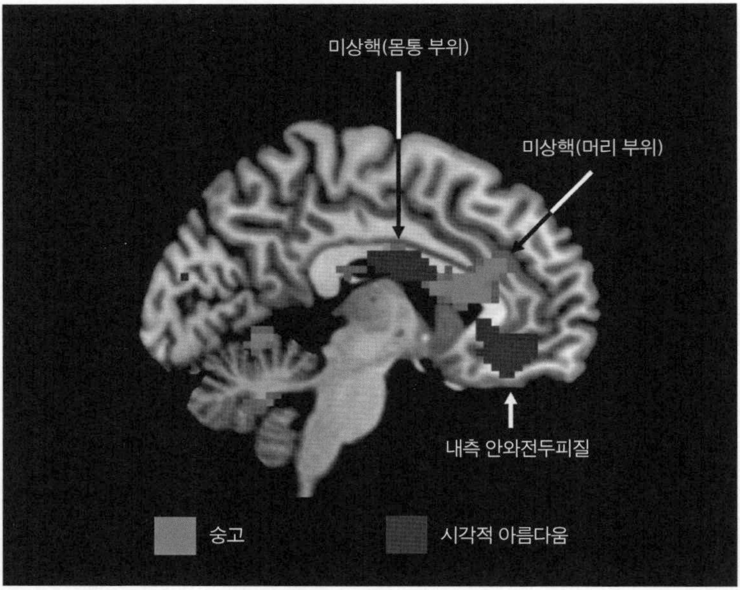

그림 8.1 숭고와 시각적 아름다움에 대한 뇌 반응. 각각 다른 부위를 활성화시킨다.

↘ p.c11

인지에 반응한다는 점이 과거의 연구에서 보고된 바 있습니다. 물론 이 실험만으로 결론을 내릴 수는 없지만, 숭고에 대한 이러한 뇌 활동은 긍정적인 감정과 부정적인 감정을 겸비한 복잡한 감정 경험을 반영한 것이 아닐까 생각되고 있습니다. 이것은 숭고에 대한 철학적 고찰에서 지적된 바와 상통합니다.

3.
숭고와 사회성

또한 숭고의 감정은 우리에게 의외의 심리적 영향을 미치는 것으로 밝혀졌습니다. 숭고를 느끼게 하는 존재를 눈앞에 두면, 타인과의 협조성과 사회성을 강화하게 된다고 합니다.[54] 이것은 캘리포니아대학교 버클리캠퍼스에서 실시된 연구입니다. [이 연구에서는 숭고(sublime)가 아니라 '경외(awe)'라고 표현하고 있습니다.] 참가자들은 우선 대학 내 고생물박물관의 주인공인 거대한 공룡(티라노사우루스)의 골격 표본 앞에 소집되었습니다. 티라노사우루스의 발밑에 선 많은 사람이 그 거대한 턱, 송곳니, 손톱을 보고 경외감을 느낍니다. 물론 참가자들은 그 실험의 취지가 숭고와 관련되어 있다는 사실은 모릅니다. 그 자리에서 참가자들은 몇 가지 설문에 응답했습니다. 이 설문지에는 "나는 ○○이다"라는 문장의 '○○'를 채우는 과제, 즉 자신이 어떤 인물인지를 묘사하는 과제가 포함되어 있었습니다. 참가자들은 뭐든 좋아하는 말을 넣을 수 있었습니다. "나는 발이 빠르다"라거나, "나는 미인이다" 등 무엇이든 괜찮았습니다. 그런데 티라노사우루스 쪽을 바라보면서 대답한 집단과 티라노사우루스가 눈에 들어오지 않게 하고 대답한 집단을 비교해보면 흥미로운 경향을 알 수 있었습니다. 티라노사우루스가 보이는 상태에서, 즉 두려움을 느끼면서 응답한 참가자들은 "나는 버클리대학교 학생이다", "나는 영국인이다" 등 자신이 사회적인 모체의 일원이라고 하는 집단주의* 적인 기술을 보이는 경향이 강했습니다. 반대로 공룡의 골격이 보이지 않게 한 그룹에서는 "나는 밝은 성격이다", "나는 현명하다"라는 개인적 특징에 대한 개인주의적인 설명이 많았습니다. 요컨대, 무언가를 두려워하는 감정은 자신이 속한 사회 집단을 의식하게 하는 효과가 있다고 할 수 있습니다.

다른 실험에서는 거대한 유칼립투스 나무 아래에 참가자들을 불러, 모이기를 기다리는 동안 한 행인(실험 협조자)이 지나가다가 실수로 짐을 진흙 속에 떨어뜨리는 연기를 했습니다. 그러고는 참가자들에게 도움을 요청했습니다. 캘리포니아의 유칼립투스는 북미에서 가장 키가 큰 나무로 알려져 있으며 공룡의 골격 표본과 비슷한 경외감을 일으키기에 충분합니다. 이 실험에서도 절반의 참가자는 유칼립투스를 보고 경외의 감정을 느낀 반면, 다른 절반의 참가자는 유칼립투스를 보지 못했습니다. 여기서 경외감을 느낀 참가자들은 행인에게 기꺼이 도움을 주는 경향을 보였습니다. 경외의 감

* 집단주의란 개인주의에 비해 사회 또는 사회 전체의 복지를 중시하는 사고방식을 말한다.

정이 다른 사람들에게 친절함을 불러일으켰다고 생각됩니다.

일련의 심리학 실험들을 통해 경외와 숭고는 다른 종류의 감정 경험(아름다움, 자부심, 즐거움 등)에 비해 이타주의와 강한 연관성이 있는 것을 알게 되었습니다.

왜 경외와 숭고는 우리에게 다른 사람과의 유대감을 의식하게 할까요? 버클리의 연구자들은 '압도적인 거대함이 보는 이에게 자신의 왜소함을 상기하고 겸손과 반개인주의의 의식을 높임으로써 타인에 대한 친절한 마음을 환기하게 되는 것은 아닐까?'라고 생각하고 있습니다. 감정은 진화 과정에서 보존된, 생존에 필요한 기능을 행사한다고 여겨지고 있습니다. 경외와 숭고의 감각은 인류가 고도로 사회적인 사회를 발전시키는 데 긍정적으로 작용해왔기 때문에 진화 과정에서 이 감정이 획득되고 보존된 것일지도 모릅니다.

4.
가상의 공포와 거리

숭고에는 또 다른 중요한 성질이 있습니다. 그것은 대상과의 '거리'입니다. 에드먼드 버크는 숭고와 아름다움을 논의한 저서 『숭고와 아름다움의 관념의 기원에 대한 철학적 연구』에서 숭고에 관한 정의 중 하나로 대상과의 거리의 필요성을 들고 있습니다. 숭고의 감정을 얻기 위해서는 대상(예를 들어, 거친 바다)과 자신 사이에 안전한 거리가 있어야 하며 대상을 안전한 장소에서 바라볼 필요가 있다고 설명하고 있습니다.[2]

토네이도, 거친 파도, 화산 등은 많은 사람들이 매우 숭고하다고 판단하는 광경입니다. 하지만 만약 그 풍경 속에 자신이 실제로 서 있다면 어떨까요? 그것은 더 이상 경외가 아니라 현실의 공포와 위험 자체가 되어버리는 것입니다. 숭고와 경외가 섞인 미적 경험을 얻으려면 '안전지대'에서 바라봐야 합니다. 이것은 아름다움에서는 필요하지 않은 특성입니다. 유령의 집이나 공포 영화의 즐거움과 마찬가지로 그것은 '가상의 공포'일 필요가 있는 것 같습니다.

따라서 '거리'라는 단어는 긍정적인 것과 부정적인 것의 혼합이 일어나는 데 필수적인 요소인 것 같습니다. 그것은 이어서 논의하려는 비애미의 경우에도 마찬가지입니다.

5. 비애와 아름다움

2003년 겨울, 대학생이었던 저는 로마를 방문했습니다. 필리포 리피가 그린 의자 위 성모의 가련함과 산드로 보티첼리의 프리마베라의 우아함, 미켈란젤로의 천장화에 압도되었습니다. 고전 미술의 명작 가운데서 가장 깊게 마음에 남은 것은 바티칸의 시스티나 예배당에 있던 미켈란젤로 부오나로티의 27세 때 작품 〈피에타〉였습니다(그림 8.2). 성모 마리아가 십자가에 못 박혀 숨이 끊긴 아들 예수 그리스도를 내려 무릎에 안고 있습니다. '탄식'을 의미하는 '피에타'라는 단어는 기독교 미술의 주요 소재 중 하나입니다. 저는 신앙심도 종교적 지식도 없었지만, 그렇더라도 그 비통함과 아름다움에 뜻밖의 눈물이 흘러넘쳤습니다. 아름다움과 슬픔으로 인한 가슴 아픔, 너무나 아름다운 동시에 슬픈, 또는 슬픔 속에 있는 아름다움이라고 할까요? 물론 그때는 그런 장소에서 관광객 사이에서 눈물을 흘리는 것이 부끄러워서 얌전히 고개를 떨어뜨리고 있었습니다. 하지만 그 무렵부터 즐겁고 행복한 아름다움과는 다른 성질의 아름

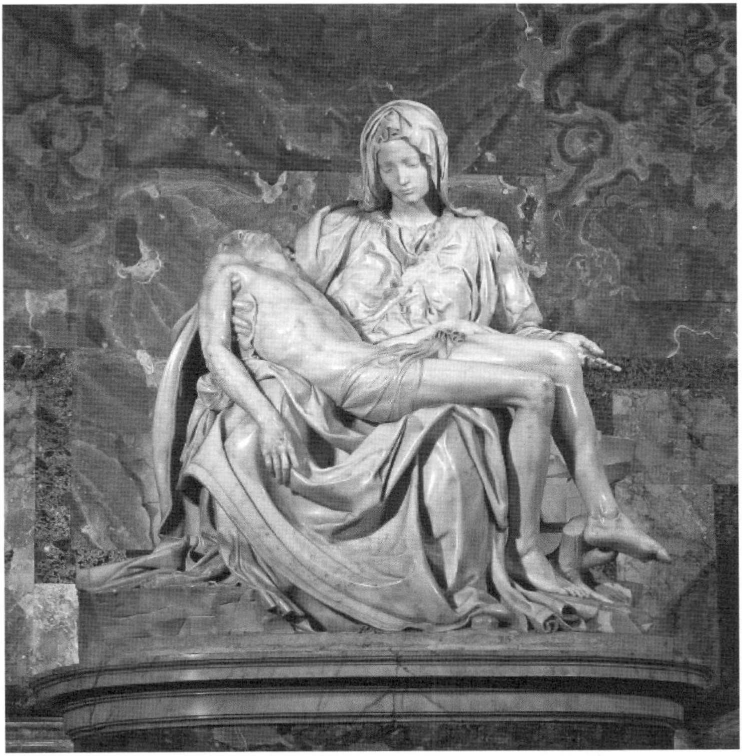

그림 8.2 미켈란젤로의 〈피에타〉 (바티칸의 성 베드로 대성당 소장, 출처: wikicommons)

↘ p.c12

다움이 존재한다는 것을 막연하게 느꼈습니다. 신경미학 연구를 시작하면서 그때 품은 생각을 과학을 통해 다시 생각해볼 기회를 얻었습니다. 비애 속 아름다움, 즉 매우 아름다운 동시에 애처로운 것은 미적으로는 긍정적이지만 감정적으로는 부정적인 상태입니다.

하지만 우리는 왜 슬픈 예술작품이나 음악, 비극에 끌리는 것일까요? 현실 세계에서는 아무도 자처해서 슬퍼하고 싶은 사람이 없지만, 왜 예술 세계에서는 비극을 하나의 주요 장르로 즐길 수 있는 것일까요? 아름다움과 슬픔, 긍정적이고 부정적인 감정이 상충하는 것을 어떻게 받아들일 수 있을까요?

말러의 〈아다지에토〉, 바흐의 〈바이올린 콘체르토〉 같이 슬픔과 아름다움을 겸비한 곡은 셀 수 없이 많습니다. 음악은 특히 이 상충하는 감정들을 잘 불러일으킨다고 할 수 있겠죠. 그러니까 우선 음악의 비애미에 관해 생각해봅시다. 슬픈 노래를 듣는 것이 우리의 심리에 미치는 영향은 지금까지 자주 연구되었습니다. 짐작해보면, 연구의 결과들은 슬픈 곡이 슬픔의 감정만 느끼게 하는 것이 아니라 그와 동시에 향수, 평온, 과거의 회상 등 긍정적인 인식을 환기한다는 것을 보여준 것 같습니다.[55] 왜 이런 효과가 있을까요?

여기서 핵심이 되는 것은 '직접 감정'과 '대리 감정'의 차이라고 생각되어왔습니다.[56] 직접 감정이란 자신과 직접적인 관련이 있는 상황(즉, 현실의 생활)에서 느끼는 감정을 말합니다. 자신에게 슬픈 일이 일어났을 때 느끼는 그런 슬픔입니다. 한편, 대리 감정이란 예를 들어 극중 등장인물이나 음악이 표현하고 있는 감정을 자신이 가상적으로 체험할 수 있는 감정입니다. 자신에게 직접적인 위해가 없는 음악 감상이라는 상황에서는 슬픈 음악과 그것이 일으키는 가상의 슬픔을 안심하고 즐길 수 있다는 것입니다. 만약 직접 감정으로 슬픔을 느낀다면 그것은 더 이상 '즐길 수 있는' 상황이 아닐 것입니다. 즉, 대리 감정이 '가상의 감정'이 되기 위해서는 대상으로부터 거리가 있고 자신이 안전하다는 것을 알 필요가 있습니다. 앞 장에서 살펴본 '숭고'를 받아들일 때도 마찬가지였습니다. 이것은 알프레드 실러가 자신의 비극 이론에서 일찍이 논의한 것입니다. 우리가 비극을 사랑하는 이유를 '실제 불행'과 '가상의 불행'이라는 개념을 도입함으로써 고찰한 것과 같은 원리입니다. "파테티셰(Pathetische, 비애)는 가상의 불행이다. 파테티셰인 가상의 불행은 우리가 완전히 방어를 갖춘 상태일 때 온다. 가상의 불행은 단지 상상된 것이다"(실러, 『파테티셰에 관하여*Über das Pathetische*』). 이러한 심리적 거리가 비극 예술을 즐기기 위한 전제가 된다고 생각합니다.

6.
비애미의 뇌과학

이러한 비애의 아름다움은 긍정적인 아름다움과는 다른 뇌 활동과 연관되어 있을까요? 그렇다면 우리는 이로부터 무엇을 배울 수 있을까요? 우리 연구 팀은 fMRI를 사용하여 비애미를 느낄 때와 긍정적인 아름다움(환희미)을 느낄 때의 뇌 활동을 비교하는 실험을 했습니다.[57]

실험 참가자들에게 슬픔과 즐거움을 평정하는 '감정값(valence)'과 추함과 아름다움을 평정하는 '미적 척도'라는 두 가지 척도를 사용하여 다양한 사진을 봤을 때의 감정과 아름다움을 평가하도록 했습니다. 그 결과 즐거움과 비애미에는 공통점과 차이점이 있다는 것을 알게 되었습니다.

먼저 공통점은 안와전두피질의 활동입니다. 이 뇌 부위는 아름다움의 경험과 관련되어 있습니다. 수반되는 감정이 긍정적(환희)이든 부정적(비애)이든 아름다움의 경험은 안와전두피질을 반응시키는 것으로 보입니다. 그러나 안와전두피질의 활동에 더해 비애미

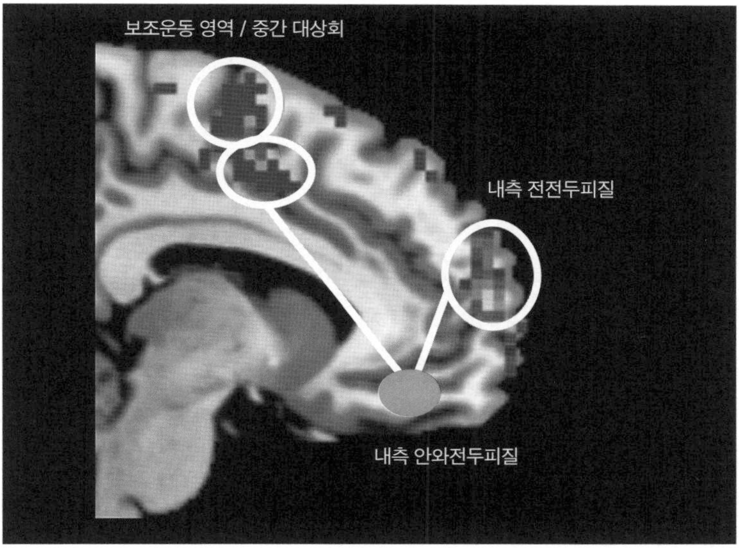

그림 8.3 안와전두피질의 뇌 안에서의 기능적 결합. 비애미에서는 보조운동 영역, 중간 대상회 사이의 결합이 관찰되었다. 한편, 환희미에서는 내측 전전두피질과의 결합이 관찰되었다.

↘ p.c13

를 경험할 때만 나타나는 특징적인 반응 패턴이 있었습니다. 그것은 중간 대상회(central cingulate gyrus)와 보조운동 영역(supplementary motor area)이라는 부위, 그리고 안와전두피질 사이의 강한 연결입니다. 중간 대상회와 보조운동 영역은 자기 자신의 신체적인 고통보다 타인의 고통이나 괴로움을 인식할 때 관여한다고 알려져 있습니다(그림 8.3).[58] 즉, 이것들은 미적 경험에 중요한 뇌 영역과 타인의 통증에 반응하고 공감하는 능력에 기여하는 뇌 영역 사이의 네트워크입니다. 이는 앞서 소개한 심리학 실험이나 철학적 고찰과도 상통하는 결과라고 할 수 있습니다.

무덤 앞에 꽃을 올려놓는 아이의 아름답고 애처로운 장면을 마주할 때, 우리의 가슴 속에는 고통과 공감, 감동, 보호 등 여러 가지 감정과 인지적 기능들이 뒤얽혀 일어납니다. 물론 뇌의 기능만으로 그 복잡미묘한 세부 사항들을 명백히 설명할 수는 없습니다. 그러나 비애가 가져다주는 아름다움과 즐거움이 가져다주는 아름다움의 질적 차이가 아름다움의 뇌 기제와 공감의 뇌 기제 사이의 네트워크 차이로 나타났다는 사실은 비극 예술을 즐길 수 있는 우리의 마음을 해명하기 위한 하나의 단서가 될 것으로 기대하고 있습니다.

7.
공감, 거리 그리고 예술

숭고도 비애미도 대상으로부터의 '거리'라는 공통된 성질이 있다는 것을 알았습니다. 우리는 원칙적으로 결코 다른 사람과 하나가 될 수 없습니다. 사람과 사람 사이에는 채울 수 없는 거리가 반드시 존재합니다. 그러나 바로 그 '간격'이 존재하기 때문에 상상력을 일으켜 상대방의 입장을 고려하고 공감이나 동정이라는 감정이 생겨난다고 할 수 있습니다. 그 간격의 틈에서 생겨나는 그러한 것들이야말로 예술이 전하고자 하는 것일지도 모릅니다. 비극의 주인공이 느끼는 고통이나 슬픔은 가상적인 것, 즉 대리 감정이기 때문에 미적 감수성을 불러일으킬 수 있습니다. 바티칸에서 흘린 눈물은 결코 메울 수 없는 그 간극을 넘어서려고 했던 애절한 마음을 전해주고 있는 것 같습니다.

개인과 개인은 불가피하게 서로 분리되어 있습니다. 공감이란 개인 사이의 간격을 연결 지어 두 마음이 통하게 해주는 능력입니다. 우리는 이러한 공감의 힘을 이용하여 비극 예술을 감상할 때 비애미를 느끼는 미적 감수성을 발견할 수 있는 것일지도 모릅니다. 아니, 예술작품이 현실을 반영하는 상상의 대상이라고 생각한다면, 비극 예술뿐만 아니라 예술 자체가 이러한 간격을 필요로 할 것입니다.

그런데 이 거리를 예술 안에서 소멸시켜 현실 속으로 침식시켜 버릴 가능성이 있는 것이 있습니다. 그것은 바로 '추'입니다. 지금까지 아름다움과 이와 관련된 미적 범주에 대해 이야기했는데, 다음 장에서는 아름다움에 대립하는 개념인 추함을 소개합니다.

IX

추의 힘

1. 추는 왜 '악'한가?
2. 예술에서의 추
3. 추의 뇌 활동
4. 제4의 벽을 넘는 추

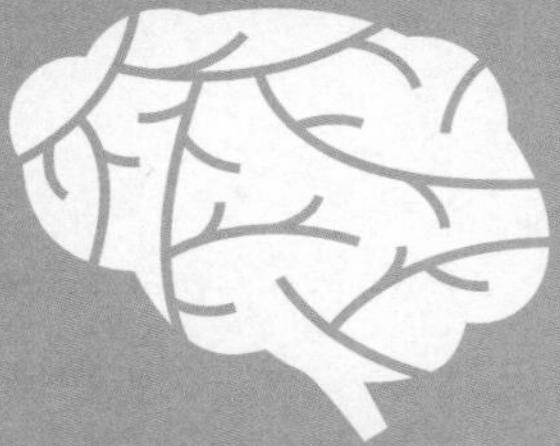

1.
추는 왜 '악'한가?

앞 장에서는 숭고와 같이 부정적인 감정을 포함하는 미적 개념에 대해 살펴보았습니다. 하지만 '아름다움과 반대되는 것은 무엇인가?'라는 질문에 많은 사람이 가장 먼저 떠올리는 것이 '추'임에 틀림없을 것입니다. 이 장에서는 아름다움에서 잠시 떠나 추에 대해 신경미학적으로 생각해보겠습니다.

'미추'라고 일컬어지듯이 추는 아름다움의 대립항으로 취급되어왔습니다. 사전에서의 정의를 살펴보면, 추는 이렇게 설명되어 있습니다. 즉, "육체적으로(또는 정신적으로) 매력이 느껴지지 않는 못생긴 모습을 말하고, 특히 시각적인 것(용모 등)을 가리키는 경우가 많다. 추는 흔히 혐오와 공포를 일으킨다." 영어 사전에서도 "불쾌함이나 혐오를 느끼게 하는 외형"이라고 정의합니다. 즉 일반적인 사회적 용어로서 시각적으로 불쾌하며, 그 결과 평가가 현저하게 낮아진 어떤 사물이나 사람의 성질을 가리킵니다. 실제로 경제학 분야에서 행해진 연구에서는 외견적으로 추하다고 일반적으로 평가되는 사람의 급여는 (실제 업무수행 능력에 상관없이) 15% 정도 낮다는 충격적인 결과도 보고되었습니다. 또한 구직 면접에서도 불리해지는 것으로 알려져 있습니다.[14] 게다가 추한 인물은 도덕성이 낮다고 추정되는 경향도 보고되고 있습니다. 우리가 아름다움은 옳고 추함은 나쁘다는 인지적 편견을 갖고 있으며, 불행히도 그것이 외모 이외의 판단에도 영향을 미친다는 것을 이 보고서는 보여줍니다(III장 참조).

우리는 외모를 통해 무의식적으로 그 사람의 내적 성질까지 예측한다는 것입니다. 왜 외모와 내면성이 연결되는 것일까요? 이에 관한 하나의 견해가 있습니다. 차근차근 설명해보도록 하겠습니다.

아름다움에 관련해서는 개인과 문화에 따라 다양한 편차가 존재합니다. 그런데 추는 아름다움보다 문화에 따른 편차가 적은 것으로 알려져 있습니다.

예를 들어, 얼굴의 아름다움과 추함에 관하여 서양 문화권의 사람들(폴란드인)과 서양 문화를 접하지 않은 파푸아족 사람들(야리족)의 차이를 비교한 연구가 있습니다.[59] 이 연구는 폴란드인이 아름답다고 생각한 얼굴은 반드시 야리 사람들에게도 아름답지는 않다는 결과를 보여준 반면, 폴란드인이 추하다고 판단한 얼굴은 야리 사람들에게도 추하다고 판단되는 결과를 보여주었습니다.

연구자들은 이에 대해 얼굴의 아름다움에 비해 얼굴의 추함을 판단하는 기준이 그 인물의 건강이나 생물학적 성질에 근거하고 있기 때문이라고 생각하고 있습니다. 건강한 신체는 그 개체가 우수한 유전자를 가질 가능성이 크다는 것을 의미합니다. 반대로 건강하지 못하고 허약한 모습은 생명체로서 열등하며 번식 상대로서도 매력이 떨어집니다. (적어도 생물계에서는 그렇습니다.) 이러한 생물학적 열등함이 추한(아마도 건강하지 못한) 외모를 가진 사람들이 업무를 잘 수행해내지 못할 것이라는 지나치게 단순화된 고정관념으로 연결되는 것일지도 모릅니다. 알프레드 실러는 “신체적인 아름다움은 내면의, 정신의, 그리고 도덕적 아름다움의 증거”라고 말했지만, 추에 관해서는 그 반대가 적용됩니다.

2.
예술에서의 추

그렇다면 아름다움을 추구해온 우리 인류에게 그 반대에 해당하는 추에는 아무 가치가 없을까요? 예술의 세계를 보면 아무래도 그렇지 않은 것 같습니다. 확실히 전통적으로 추는 아름다움의 대립 개념으로 생각되어왔습니다. 이 때문에 과거에는 예술작품에 추를 직접적으로 표현하는 일이 거의 없었습니다. 아름다움을 선, 추함을 악으로 정의한 철학자 G. E. 무어는 “아름다움을 질서라고 생각하는 것은 그와 동시에 추함을 무질서로 파악하는 것”이라고 주장했다고 합니다. 과거에는 추에 관한 체계적인 고찰이 철학이나 예술에서 모두 전혀 적극적으로 이루어지지 않았습니다. 그런데 시대가 지남에 따라 추 또한 긍정적인 가치를 지닌 미적 범주의 하나로 논의되기 시작했고, 예술작품에 추를 표현하는 시도들도 나타나기 시작했습니다. 20세기 이후 마르셀 뒤샹과 다다이즘을 거치며 예술작품이 가진 미적 가치를 단순히 아름다움에 두지 않게 된 것도 이미 오래된 일이라고 할 수 있을 것입니다. 영국의 권위 있는 현대미술상인 터너상의 최근 수상 작품들을 봐도 트레이시 에민의 〈침대〉, 마틴 크리드의 〈배설물〉 등과 같이 결코 '아름답지' 않은 작품들도 찾아볼 수 있습니다. 추한 것, 끔찍한 것에 대한 추구는 현대미술에 국한된 것이 아니라 히에로니무스 보스나 바로크 미술 등 미술의 전 역사에 걸쳐 우리 안에 계속 존재해왔다고 할 수 있습니다. 추는 그 자체로 매우 매력적인 소재이며, 아름다움과 마찬가지로 예술적 창조성을 자극해왔습니다. 즉, 예술이라는 한정된 세계 속에서 추는 하나의 중요한 소재로서 그 가치를 가지고 있습니다. 하지만 그 가치는 대체 무엇일까요? 추의 뇌 활동에 힌트가 있을지도 모릅니다.

3.
추의 뇌 활동

추의 종류만 해도 여러 가지입니다. 사물의 형태처럼 눈에 보이는 추함도 있고, 도덕적인 추악함처럼 개념적인 추도 있습니다. 미학에서도 그로테스크나 역겨움 등 추에는 더욱 세세한 분류가 있지만, 여기서는 우선 눈에 보이는 추에 관해 다뤄보려고 합니다.

여기에서 주목하고 싶은 것은 만약 대다수 사람이 추하다고 생각하는 작품에 대해 아름답다고 느끼는 누군가가 있다면, 그 사람의 뇌 활동 패턴은 아름다움을 느끼고 있을 때의 뇌 활동(내측 안와전두피질 등)과 같을 것이라는 점입니다. 즉, 그러한(일반적으로는 추한) 작품이 그 사람에게는 '아름다움'의 가치를 가진다는 것입니다. 하지만 이 장에서 다루고자 하는 것은 그런 경우가 아닙니다.

실제로 '추하다'고 느끼고 있을 때 뇌는 어떻게 작용하고 있는가, 그것은 아름다움의 뇌 활동과 다른가? 이러한 고찰을 통해 '추'라는 주관적 경험이 우리에게 어떤 의미를 가지고 있는지 생각해보고 싶습니다. 추만의 유일한 힘 같은 것이 존재할까요? 추함을 느낄 때의 뇌 활동을 관찰한 연구로 이에 대한 해답이 어느 정도 밝혀졌습니다.

추를 느낄 때 우리 뇌에서는 어떤 반응이 일어날까요? 우선은 회화 작품과 시각적 자극의 추에 대해 살펴보겠습니다. 어떤 회화 작품을 감상하고 나서 추하다고 느꼈다고 가정해봅시다. 그때 뇌는 아름다움을 느끼고 있는 경우와 완전히 다른 반응을 하는 것이 fMRI 연구로 밝혀졌습니다.[8] 특히 활발한 활동을 나타내는 부위 중 하나는 '편도체'라고 불리는 뇌의 깊숙한 부위에 있는 2cm 정도의 신경세포 덩어리입니다(그림 9.1). 편도체는 우리의 감정 인지에 매우 중요한 부위입니다. 특히 공포와 혐오 같은 부정적인 감정과 관련된 것은 동물과 인간을 대상으로 한 실험에서 잘 알려져 있습니다. 편도체가 손상된 원숭이는 보통 한눈에 보고 도망칠법한 뱀 모양의 장난감을 보고도 도망치기는커녕 오히려 가까이 다가가 물어버립니다. 진짜 뱀이었다면 큰 부상을 입었을 것입니다. 편도체의 손상은 인간에게도 큰 영향을 미칩니다. 편도체가 손상된 환자는 공포의 감정을 제대로 느낄 수 없습니다. 공포 영화를 봐도 웃어버리거나(목을 180도 돌려버리는 것을 보고 '재미있다'고 합니다), 실제로 신체에 위험이 닥친 경우에도 그것을 모르고 부상을 입거나 목숨을 잃는 일도 있습니다. 추가 공포와 혐오의 감정을 수반한다는 것은 사전적 정의에도 나오지만, 뇌 속에서도 편도체가 공포와 혐오의 감정에 밀접하게 관여하고 있습니다.

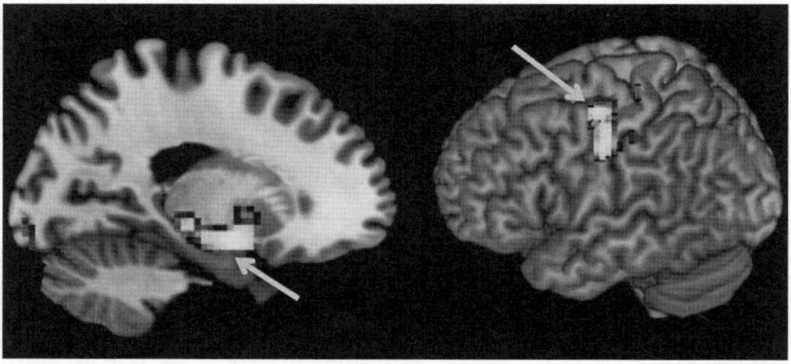

그림 9.1 추의 뇌 활동. 왼쪽은 편도체, 오른쪽은 운동 영역의 모습이다.

p.c14

뇌의 양 측면 홈 안쪽에 있는 '섬'이라고 불리는 피질도 추의 인지에 관여한다고 알려져 있습니다. 섬피질은 혐오와 통증에도 관련된다고 여겨지고 있습니다. 섬피질 활동의 흥미로운 점은 안와전두피질 활동과 '시소' 같은 관계가 있다는 것입니다.[11] 아름다움을 느껴 안와전두피질이 활동하고 있으면 섬피질의 활동은 억제되고, 반대로 추를 느껴 섬피질이 활동하면 안와전두피질은 활동이 저하되는 시소 관계입니다. 이러한 사실을 통해 이 두 영역이 동시에 활동할 수 없으며, 따라서 아름다움과 추함을 동시에 느낄 수 없다고 해석될 수 있습니다. 앞 장에서 긍정적인 감정과 부정적인 감정을 동시에 느끼는 혼합 감정에 관해 논의했지만, 섬피질과 안와전두피질의 관계를 보면 아름다움과 추함을 동시에 느끼는 것이 불가능할지도 모릅니다. 미와 추가 각각 양 극점에 위치해 결코 동시에 느낄 수 없는 것인지, 각각 독립된 차원에서 구획될 수 있는 개념인지에 대해 향후의 연구에서 밝힐 수 있다면 흥미로울 것입니다.

추가 공포나 혐오와 관련이 있다는 것은 직관적으로도 이해하기 쉽지 않나요? 하지만 추를 느낄 때 활성화되는 뇌 부위는 편도체와 섬피질 외에 하나가 더 있습니다. 흥미롭게도 그것은 운동피질, 정확하게는 1차 운동피질과 연합 운동피질입니다. 운동피질은 뇌 위쪽 부위인 머리 꼭대기 근처에 위치하며, 그 이름이 나타내는 것처럼 운동의 실행에서 중요한 역할을 하는 영역입니다(그림 9.1). 이 부위가 뇌간이나 척수에 팔을 긁거나 목을 돌리라는 운동 명령을 보내면 실제 동작이 일어납니다. 왜 운동과 관련된 운동피질이 몸을 움직이지 않는 참가자들의 뇌에서 활성화될까요? 단서는 추와 관련된 공포에 있는 것 같습니다.

'공포'는 폴 에크만이 정의한 여섯 가지 기본 정서의 하나로 위험한 사태에 대처할 수 없는 경우에 생기는 감정입니다. 공포심은 그 사태에서 도망치는 행동이나 방어 반응 등을 일으킵니다. 그런데 공포심을 불러일으키는 자극(예를 들면 겁에 질린 사람의 얼굴 등)을 보여줬을 때, 몸의 실제 동작이 없어도 운동피질이 활성화되는 것이 fMRI 연구에서 밝혀졌습니다.[60] 이는 공포 자극에 대한 방어 반응이 일어나 어떤 행동을 준비함으로써 그것이 운동피질의 활성화 작용으로 나타나는 것으로 생각되고 있습니다. 다시 추에 대한 논의로 돌아가자면, 추는 진화생물학적인 관점에서 피해야 하는 것, 멀리해야 하는 것입니다. 그러므로 예술에서의 추 경험은 공포 경험과 비슷한 것이 아닐까 생각됩니다. 즉 운동피질의 활성화는 눈앞의 추한 대상으로부터 자신을 지키고 싶은, 추한 것을 멀리하고자 하는 신체의 방어 반응을 반영하는 것이라고 해석할 수 있습니다. 여기에 아름다움이나 다른 미적 범주들과는 구별되는 추의 독특함이 있다고 생각합니다.

4.
제4의 벽을 넘는 추

파푸아족과 폴란드인을 비교한 연구 사례에서 알 수 있듯이, 추는 아름다움에 비해 문화의 영향이 더 적고 보편적인 성질이 있다는 점이 분명해지고 있는 것 같습니다. 또 운동피질의 활동으로부터 추 경험에는 의식적으로 통제하기 어려운 생물학적인 거부 반응과 방어 반응이 동반된다고 간주되고 있습니다.

칸트의 『판단력 비판』(1790)에는 흥미로운 묘사가 있습니다. 추의 한 부류로서 역겨움에 대해 다룬 문장입니다. 그는 현실에서라면 아주 불쾌한 대상이라도 회화나 문학작품에서는 미적으로 표현 가능한 것이 존재하지만, 역겨움을 일으키는 추함은 결코 미적으로 표현될 수 없다고 설명합니다. 왜냐하면 역겨움을 느낄 때는 더 이상 예술적 표상을 현실과 구별할 수 없게 되기 때문입니다. 멘델스존도 극히 추한 것은 역겨움의 감각을 일으키고, 그것은 원칙적으로 생리적인 반응으로 이어진다고 말했습니다. 말하자면, 추의 감각은 현실과 가상적인 것(예술), 즉 자신과 작품 사이의 경계선을 지우거나 흐트러뜨린다는 것입니다. 앞서 저는 우레와 같은 화산 분출에서 느껴지는 숭고나 비극 작품에서 발견되는 비애미도 미적 감각이 성립하려면 '나'라는 감상자가 거기에 없다는 '거리'가 반드시 필요하다고 언급했습니다. 만약 그 거리가 존재하지 않는다면, 즉 자신이 실제로 그 자리에 머물렀다면 거기서 느껴지는 감각은 실제의 공포와 위협이며 실제의 슬픔과 고통이기 때문입니다. 이때 추의 감각은 더 이상 예술작품 속에 있는 가상의 것이 아니라, 현실 속에 있는 우리에게 가상인지 현실인지 구별하기 어렵게 만드는 것입니다. 우리의 신체와 뇌는 이처럼 저절로 반응하며, 이는 운동피질 활동이라는 형태로 나타나는 것이 아닐까 생각됩니다.[61] 신체적으로 반응해버림으로써 가상적인 예술 세계를 이미 현실 세계로 바라보게 되는 것은 아닐까요. 현실과 가상을 구별하지 못하게 하는 힘이 역설적으로 예술에서의 추의 독특한 힘을 나타내는 것이 아닐까 생각합니다.

공연예술이론 중에 '제4의 벽'이라는 개념이 있습니다. 당신이 극장의 객석에 앉아 있다고 가정해봅시다. 무대 위에는 세 개의 '벽'이 있습니다. 하나는 무대 뒤쪽에 있는 배경이며, 다른 두 개는 무대 양쪽에 있습니다. 그리고 나머지 하나인 제4의 벽은 무대 정면에 있는 상상의 투명한 벽을 말합니다. 그것은 연극 속 세계와 관객이 속한 현실 세계 사이의 경계를 나타내는 개념으로, 18세기 프랑스의 철학자이자 미술비평가인 드니 디드로가 제안한 것이라고 합니다. '작품'은 이 네 번째 벽의 안쪽에 있어야 한다는 것입니다. 말하자면

이 벽은 관람자와 작품 사이에 존재해야 할 '심리적 거리'와 같다고 할 수 있습니다. 추는 그 벽의 틈새에서 빠져나와 관람자에게 직접적인 영향을 미친다고 할 수 있습니다. 현실에 대한 침식이 추라는 미적 범주가 가진 특별한 힘일지도 모릅니다.

덧붙여 말하자면, 칸트는 역겨움을 세 가지로 분류했습니다. 즉 생리적 역겨움, 미적 역겨움, 그리고 도덕적 역겨움입니다. 도덕적 역겨움은 도덕적으로 추한 행위, 즉 부도덕과 도덕적 부패라고 할 수 있지만, 그에 대한 우리의 반응은 흥미로운 시사점을 던져줍니다. 생리적으로 역겨움을 일으키는 이미지(썩은 과일 등)와 도덕적으로 불쾌한 행위를 보여주는 이미지를 관찰하는 사람의 표정을 분석한 결과, 도덕적 부패에 대한 반응은 생리적 부패에 반사적으로 나타내는 표정과 비슷한 것으로 밝혀졌습니다. 즉, 눈살을 찌푸리고 얼굴을 찌푸리는 표정은 '구토'하는 얼굴입니다. 부도덕함에 대한 구토의 반응은 실제로 구토를 일으키는 것에 대한 신체적인 표출로서의 반응과 비슷하다고 할 수 있습니다. 실제로는 부패한 물질이 존재하지 않지만, 신체가 유사한 생리적 반사 반응을 나타내는 것입니다. 이는 실제로 존재하지 않는 대상이 현실과 가상의 경계를 넘어서 우리의 몸에 직접 작용하고 있다는 증거가 될 수 있습니다.

추에 관한 뇌 활동 연구 결과는 아직 적다고 말해야겠지만, 미와 추라는 예술에 수반되는 두 가지 주요 감정이 각각 다른 특징적인 뇌 기제와 관련되어 있다는 점은 의심의 여지가 없습니다. 추는 단순히 아름다움의 대립 개념이 아니라 아름다움이 갖고 있지 않은 독특한 힘을 가지고 있다고 생각합니다.

X

창조성의 원천을 뇌에서 찾다

1. 창조성과 과학
2. 창조성을 산출하는 뇌 기능: 재즈 음악가의 뇌
3. 예술은 '억제'인가?
4. 창조성을 이해할 수 있는 사람

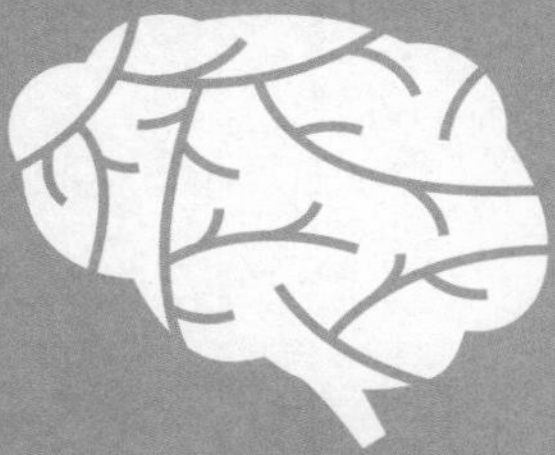

1.
창조성과 과학

창조성이 필요한 분야는 물론 예술만이 아니지만, 그래도 예술이라고 하면 창조성을 연상하는 사람이 많지 않을까요? 그런데 창조성에 대한 인지와 뇌의 작용을 연구하는 것은 매우 어렵습니다. 문제는 창조적 행위의 과정과 과학적 방법의 본질적인 차이에 있습니다. 우선 이에 대해 간략히 설명해보겠습니다.

창조성은 거칠게 말해, "주어진 특정한 맥락에 적절한 형태로 새로운 무언가를 만들어내는 능력"이라고 할 수 있습니다. 한편, 과학적 방법은 "보편적 · 일반적인 지식을 얻기 위해 체계적으로 문제를 확인하고 데이터 수집, 가설 검증, 재현 실험을 수행하는 방법"입니다. 이 둘을 비교하면, 과학에서 창의성을 다루는 일을 어렵게 하는 점이 적어도 두 가지가 있다는 것을 알 수 있습니다. 하나는 창의성의 본질을 손상시키지 않고 통제된 조건 속에서 체계적인 연구를 할 수 있는가 하는 점입니다. 실험실이라는 부자연스러운 조건

속에서 창조자들은 자신의 창조성을 평소와 같이 발휘할 수 있을까요? 또 하나는 창조성에 중요한 새로움의 창조는 그 자체로 예측하기가 어렵다는 점입니다. 다시 말해, 임의로 생성해내기 어려운 창조적 활동을 재현가능성(reproducibility)이 중요한 과학의 대상으로 취급할 수 있는가 하는 문제입니다.

한마디로 '창조성'이라고 말하지만 실제로는 시각 예술, 음악, 무용, 시 등 온갖 종류의 창조성이 있습니다. 어떤 것은 다른 것보다 연구하기에 더 적절할지도 모릅니다. 또한 어디서, 어떤 식으로 창의력이 발생하는가, 즉 개인적으로 발생하는가, 아니면 집단적으로 발생하는가에 대해 고려하는 것도 중요합니다.

예를 들어, 소네트(14행시)를 쓰는 과정과 장편소설을 쓰는 과정 중에서 전자 쪽이 실험이라는 통제된, 시간적으로 한정된 상태에 적용해보기 쉽다고 할 수 있습니다. 수백 페이지에 이르는 창작과정을 실험실 내에서 추적하는 것은 불가능에 가깝습니다. 그러나 14행 시의 작문이라면 고안하기에 따라 실험에 적용해볼 수도 있을 겁니다.

또한 얼마만큼의 시간 동안 창조적 활동이 발생하는지를 생각하는 것도 중요합니다. 예를 들어 친숙한 음악 분야라고 해도 재즈와 같이 즉흥적으로 음악을 만들어내는 것과 교향곡을 쓰는 것은 크게 다르다고 할 수 있습니다. 둘 다 음악적 창조이지만, 각각을 창조하는 데 소요되는 시간이 크게 다르기 때문입니다. 즉흥은 실시간으로 즉시 일어나지만, 교향곡을 쓰려면 몇 년의 계획이나 편곡 과정이 필요하기도 합니다. 이와 같이 창의력의 과학적 연구에는 다양한 어려움과 고려 요인들이 있습니다.

예술적 창조성을 연구할 때 이해해야 할 가장 중요한 점을 여기에서 명확히 해두고자 합니다. 간단히 말해, 신경과학에서의 창조성 연구는 연주회도, 발표회도, 전시회 자체를 대상으로 하는 것이 아니라는 사실을 인정하는 것입니다. 실험의 목적은 여러 요인을 적절히 통제하여 현상을 측정하는 일이지, 실험 참가자들에게 연주회에서 경험하는 것과 같은 즐거움을 제공하는 것이 아닙니다. 실험은 어디까지나 실험일 뿐, 연주회장을 재현하는 것이 아니라는 사실을 이해하는 것이 중요합니다. 물론 가능한 한 자연스러운 설정을 재현하는 것이 중요합니다. 하지만 예술가들에게 실험실에서 걸작을 만들어달라고 하기 위해서가 아니라 가능한 한 자연스럽게 창조적 과정의 상태에 들어가게 하기 위한 것입니다. 왜냐하면 우리 과학자들이 알고 싶은 것은 그 과정에 있기 때문입니다.

그런데 위에서 언급한 여러 가지 점을 충족시킬 수 있는 소재는 무엇일까요? 현재로서는 아마도 즉흥연주, 특히 재즈 연주라고 생각됩니다. 재즈에서 즉흥연주란 즉흥적으로 음악을 만들어 즉시 공연으로 구현하는 것입니다. 재즈의 즉흥연주는 비교적 짧은 시간 동안 높은 수준의 자유로움을 가진 활동으로 특징지을 수 있습니다. 재즈 음악가들은 즉시 '몰입 상태'에 돌입할 수 있도록 훈련받는다고 합니다. 몰입 상태는 심리학자 미하이 칙센트미하이가 제창한 것으로, 어떤 활동에 몰입한 나머지 자신마저 잊어버린 정신 상태를 의미합니다.* 연구자들은 음악가가 무엇을 만들어낼지 정확하게 예측하는 것은 불가능하지만, '창조적 상태'는 재현 가능하다고 생각했습니다. 그래서 창조성의 신경과학은 재즈 음악가들에 관한 연구를 시작으로 첫걸음을 내딛게 되었습니다.

* [역주] 긍정심리학의 창시자 중 한 사람인 칙센트미하이는 '몰입(flow)'을 창의성과 행복감의 요체라고 보았다. 어떤 특정한 활동에 몰입한다는 것은 그 활동 자체에 완전히 빠져들어 자아를 망각하고 시간 가는 줄 모르는 상태가 되는 것이다. 칙센트미하이는 즉흥연주(improvisation)를 특징으로 하는 재즈를 대표 사례로 간주했는데, 그 이유는 재즈 연주자의 모든 행동과 생각이 그 이전의 행동 및 생각과 불가분한 연속 관계에 있기 때문이다. 이와 같은 정신 상태에 이를 때 다른 모든 가치 있는 활동들도 우리에게 최상의 행복감을 선사하며 최대의 창의력을 발휘할 수 있게 한다는 것이 칙센트미하이의 지론이다. (Mihaly Csikszentmihlyi, *Finding Flow: The Psychology of Engagement with Everyday Life*, Basic Books, 1998; 미하이 칙센트미하이, 『몰입의 즐거움』, 이희재 옮김, 해냄, 2021 참조.)

2.
창조성을 산출하는 뇌 기능: 재즈 음악가의 뇌

이제 예술적 창조성에 관여하는 뇌 기능에 관해 자세히 살펴봅시다. 예술적 창조성은 fMRI 같은 뇌 기능 측정 방법으로 실험하는 것이 매우 어렵습니다. 좁은 MRI 기계 안에서는 머리를 움직일 수 없습니다. 그러므로 창의적인 춤을 추거나 붓을 잡고 캔버스에 그림을 그릴 수 없습니다. 이러한 점에서 재즈의 즉흥연주는 비교적 좋은 연구 소재입니다. 동작들이 잘 통제될 수 있기 때문에 움직임에 의한 노이즈가 비교적 적게 나타나고, 무엇보다도 즉흥연주와 악보를 따르는 연주를 비교할 수 있습니다. 그래서 연구자들은 금속을 사용하지 않은 작은 피아노를 만들어 MRI 스캐너 안에 설치했습니다. 그런 다음 재즈 피아니스트를 실험실에 초대하여 한 손으로 즉흥연주를 하도록 지시했습니다.[62]

이 실험에 임한 사람은 마이크 포프라는 유명한 베이시스트이자 재즈 피아니스트입니다. 악보대로 연주할 때 포프의 뇌 활동과

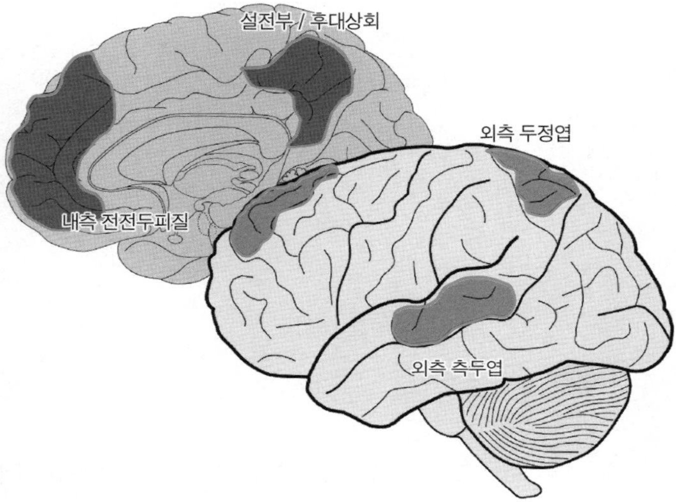

그림 10.1 즉흥연주의 뇌 활동과 디폴트모드네트워크(모식도)

같은 곡을 즉흥으로 편곡해 연주할 때의 뇌 활동을 비교해보았습니다.

실험 결과를 통해 알 수 있었던 것은 우선 악보를 그대로 따른 연주에서는 청각 정보를 처리하는 측두부의 청각 피질과 운동을 명령하는 두정부의 운동피질, 그리고 운동 계획에서 중요한 역할을 담당하는 소뇌가 작동했습니다. 이것은 당연히 예상 가능한 결과라고 할 수 있습니다.

그런데 이 실험의 목적인 그 자리에서 편곡하는 즉흥연주를 하고 있을 때의 뇌 활동은 어땠을까요? 청각 피질과 운동피질의 활동은 악보 연주의 경우와 유사했습니다. 그러나 그에 비해 전두엽 안의 더 앞쪽에 있는 내측 전전두피질 부위가 특히 강하게 활성화된다는 것을 알 수 있었습니다(그림 10.1). 이 뇌 영역은 많은 기능을 담당하고 있는 것으로 알려져 있지만, 그중 하나로 '내적 성찰'에서 중요한 역할을 한다고 생각됩니다. 자기 자신이나 자신의 기분에 대해 성찰하고, 외부 세계에 대한 주의가 희미해질 때 이 부위가 활발하게 활동하는 것입니다. 이 활동은 외부 자극으로부터 분리된 내향적인 자발적 인지 과정을 반영한다고 볼 수 있습니다.

즉흥연주에서는 내측 전전두피질 이외에 다른 뇌 부위들의 활동도 관찰되었습니다. 즉 두정엽의 외측부, 측두엽의 외측부, 그리고 설전부, 후대상회 등 말입니다. 흥미롭게도 내측 전전두피질을 포함한 이 영역들은 '디폴트모드네트워크(default mode network)'라고 불리는 복수의 뇌 영역으로 구성된 네트워크와 중첩되어 있습니다. 디폴트모드네트워크는 쉬고 있을 때나 백일몽(mind-wandering)을 꾸고 있을 때, 생각에 잠겨 있을 때 등과 같이 뭔가 명확한 과제나 행위를 하고 있지 않을 때(정상 상태) 오히려 더 활성화되기 때문에 그렇게 불립니다. 그리고 한번 외부의 것에 능동적으로 주의를 돌리면 활동이 억제된다는 흥미로운 성질이 있습니다. 정상 상태(디폴트모드)라고 하기보다 '유휴 상태'라고 하는 편이 이해하기 쉬울지도 모르겠네요.

연구자들은 이 내측 전전두피질을 중심으로 한 디폴트모드네트워크의 활동이 재즈의 즉흥연주에 중요한 역할을 하고 있다고 생각합니다. 이 상태에서는 자신을 향한 내적 성찰이 강해지는 반면,

반대로 외부를 향한 주의집중은 약해집니다. 이러한 상태가 즉흥연주를 하는 연주자에게 나타났을 가능성이 있습니다. 대중 앞에서 연주하는 행위 자체는 외향적 활동입니다. 이에 반해, 악보를 따라 연주할 때는 디폴트모드네트워크가 활동하고 있지 않았습니다. 그러므로 즉흥연주에서는 외부의 모든 것에 대해 신경 쓰지 않고, 자신의 내면에 있는 음악적 기억에 의존하여 솟아오르는 충동을 자유롭게 표출시키고 있는 것이 아닐까 생각됩니다. 이것이 즉흥연주, 즉 몰입 상태에서 일어나는 일이라고 할 수 있습니다. 그러나 어쨌거나 이야기는 그렇게 간단하지는 않은 것 같습니다.

3.
예술은 '억제'인가?

앞 절에서는 창의성과 뇌의 활성화에 대해 이야기해왔는데, 여기에서는 한 가지 다른 측면에서 생각해봅시다. 왜냐하면 활동하고 있는 뇌 부위가 아니라 반대로 활동이 억제되어 있는 뇌 부위가 이 실험에서 발견되었기 때문입니다. 그 부위는 전전두피질의 상부 외측 부위, 즉 배외측 전전두피질이라고 불리는 영역입니다. 이 영역은 즉흥연주를 할 때 활동이 억제되었습니다(그림 10.2).

배외측 전전두피질은 외부에 적절한 주의를 기울이거나 합리적 · 비판적인 사고 및 판단, 오류 검출 등 고차적 인지 기능을 담당하는 영역으로 알려져 있습니다. 이 부위의 활동이 억제되어 있기 때문에 '외부에 대한 주의'나 '비판적인 판단' 기능이 약해지고 있을 가능성을 추측할 수 있습니다. 자신의 연주가 관중에게 어떻게 받아들여지고 있는지 생각하거나, 연주나 해석의 실수를 걱정하는 등 '이성적'인 마음의 작용이 억제되고 있는 것은 아닐까 생각됩니다.

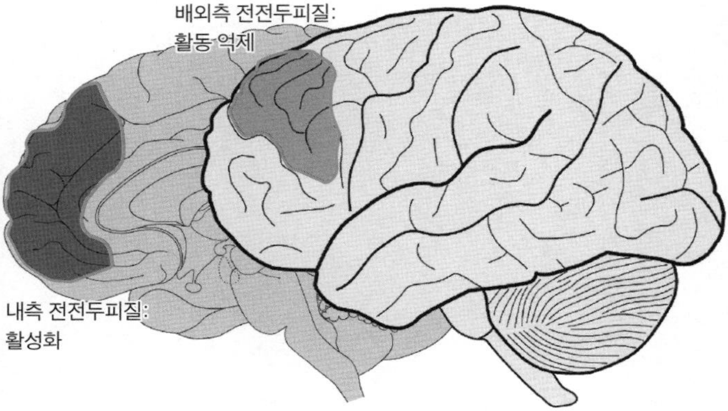

그림 10.2 즉흥연주 중의 뇌 활동. 내측 전전두피질은 활성화된 반면, 외측 전전두피질은 활동이 억제되었다.

즉흥연주를 할 때의 뇌 안에서는 내면에서 끓어오르는 충동성에만 주의를 기울이고(디폴트모드네트워크의 활성화) 외부에 대한 불필요한 주의나 비판적인 판단의 기능을 약화시킴으로써(즉 배외측 전전두피질의 활동을 억제함으로써) 스스로 검열하지 않고 솟아오르는 음악적 충동을 자유롭게 표출할 수 있지 않을까 생각됩니다.

재즈를 연구한 존스홉킨스의과대학 그룹은 창의성 신경과학으로 또 다른 재미있는 대상을 발견했습니다. 말의 즉흥연주, 즉 랩입니다. 그중에서도 프리스타일 랩은 정해진 제목이나 구조를 가지지 않으므로 재즈 등의 즉흥연주와 매우 비슷합니다. 이 점에 착안하여 재즈 피아노 실험과 같은 구성의 실험이 이루어졌습니다. 즉, 래퍼가 이전에 들었던 가사를 암창하고 있을 때와 스스로 가사를 즉흥으로 만들어 랩하고 있을 때를 비교한 것입니다.[63]

그러자 두 실험 조건 모두에서 언어 영역 중 하나인 브로카 영역(하전두회에 있는 부위로, 보통 좌반구의 관자놀이 위 부근에 있습니다)이나 운동 영역 등 일반적인 발화와 관련된 부위가 활성화되었음은 말할 것도 없습니다. 그뿐만 아니라 재즈 뮤지션과 마찬가지로 즉흥 랩에서는 전전두 영역의 내측부 활동과 배외측부 활동의 억제가 보였습니다. 지금까지 말을 즉흥으로 만들어내는 프리스타일 랩과 음악을 즉흥으로 만들어내는 재즈의 유사성이 지적되어왔는데, 뇌의 작동 방식에서도 그 유사성을 찾을 수 있습니다. 옛날 일본에도 단연가(短連歌)라는 것이 있었는데, 어쩌면 그때의 뇌 활동이 재즈나 랩과 비슷했을지도 모릅니다.

위에서 사고를 자기의 내면으로 향하게 하는 것, 그리고 외부로 향하는 불필요한 주의를 약화시키는 것. 이 두 가지가 창의성을 발휘할 때 필요하다고 했습니다. 창조성을 폭발시키기 위해서는 우리의 행동과 그 결과를 뒤에서 지켜보고 있는 고차적인 뇌 활동을 억제하고 인식의 틀을 벗을 필요가 있을지도 모르겠네요.

여기에서 소개한 재즈와 랩 실험에 대해서는 인터넷에 실험 과정을 담은 동영상이 있습니다. 뮤지션과 래퍼가 fMRI 속에서 퍼포먼스를 펼치고 있는 흥미로운 영상을 볼 수 있습니다.[64]

창조성에 관한 뇌과학 연구는 기술적으로 많은 어려움이 있으며 아직도 신생 연구 분야입니다. 여기에서는 음악과 단어의 창조성에 대해 소개했지만, 그 밖에도 시각 예술 및 드로잉과 심리척도를 이용한 연구도 최근 점차 늘어나고 있습니다.

또한 뇌 손상이나 기능장애(알츠하이머병, 전두측두형 치매, 파킨슨병 등)와 예술적 창조성의 관계도 흥미로운 연구 분야로서 앞으로 식견이 넓어질 것으로 예상하고 있습니다.[65] 저명한 작가 중에도 이러한 질병에 걸린 것으로 생각되는 사례가 있습니다. 윌렘 데 쿠닝, 살바도르 달리, 제임스 브룩 등 여럿입니다.[66] 그러나 아직 일관된 이론이 확립되지는 않았습니다. 그것은 '창조성'이라는 개념 자체가 너무 광대하다는 것과도 관련되어 있다고 할 수 있습니다. 앞으로의 연구가 발전하기를 기대해주세요.

4. 창조성을 이해할 수 있는 사람

이 장에서는 예술적 창조성과 뇌 기능에 대해 소개했습니다. 창조성을 과학적으로 연구하는 것이 얼마나 어려운지, 과학자가 어떻게 그 어려움을 극복하려고 하는지 그 성과를 요약해서 이야기했습니다. 물론 창조성을 두고 고뇌하는 사람은 과학자만이 아닙니다. 작품을 창조하는 예술가들은 아무도 본 적 없는 작품을 산출하기 위해 더욱 큰 고통을 겪고 있을 것입니다. 오스카 와일드의 말에서도 창조적인 작품을 만들어낼 때의 어려움, 시 창작의 괴로움을 알 수 있습니다.

> "오전 내내 여러 시 중 하나를 교정하다가 하나의 쉼표를 뺐다. 오후에 나는 그 쉼표를 원래대로 되돌렸다."

이토록 고생하여 낳은 작품인데, 우리는 정말로 그 작품의 의도를 작가가 원하는 대로 받아들이고 있는 것일까요?

예를 들어, 이전 장에 소개한 레일라의 예를 기억해봅시다. 문학 분야에서는 아무리 잘해도 초등학생이 쓴 작문이 아쿠타가와상* 을 받을 일은 아마 없을 것입니다. 하지만 레일라가 그린 펭귄이 예상치 못한 평가를 받은 것을 보면 그림에서는 그런 일이 일어날 수 있습니다. 레일라에게 명확한 '창조적 의도'나 '예술적 지성'이 있었다고 생각하는 것은 힘들지 않을까요? 그녀의 작품에는 예술로서 (다른 사람이) 평가할 수 있는 무언가가 확실히 있었을지도 모릅니다. 또 그림을 그릴 때 그녀의 내면에는 순수한 창작의 즐거움이 있었을지도 모릅니다. 그러나 거기에 작가가 고지하는 예술적 지성이나 의도가 담겨 있었는지 묻는다면 고개를 젓지 않을 수 없습니다.

레일라 사례는 예술적 의도가 없는 곳에 보는 이가 마음대로 의도를 만들어낸 예라고 할 수 있는데, 다른 한편 작가가 담은 예술성을 보는 이가 제대로 받아들이고 있는지 의구심이 들기도 합니다. 이 질문은 특히 현대미술의 해석과 평가에서 문제가 된다고 할 수 있습니다. 우리는 정말로 화가의 의도를 이해하고 있을까요?

안료가 우연히 흩어진 결과로 여겨지곤 하는 잭슨 폴록의 〈여름철: 9A번Summertime: Number 9A〉, 다양한 색상의 사각형으로 구성된 마크 로스코의 〈오렌지, 빨강, 노랑Orange, Red, Yellow〉, 처음으로 크레용을 접한 아이들의 낙서로도 생각되는 사이 톰블리의 〈무제

* [역주] 아쿠타가와상은 일본의 소설가 아쿠타가와 류노스케(芥川龍之介, 1892-1927)를 기려 1935년 제정한 유명한 문학상이다. 시상은 상반기와 하반기로 나누어 연중 2회 이뤄지고 있다.

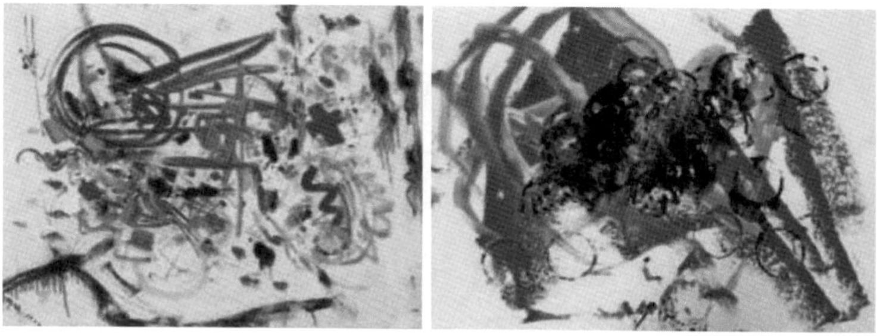

그림 10.3 예술적 의도에 관한 실험에 사용된 회화 자극의 사례. 왼쪽은 화가 한스 호프만, 오른쪽은 4세 유아가 그린 것이다. (출처: Hawley-Dolan & Winner, *Psychological Science*, 2011)

p.c15

untitled〉와 같은 작품 앞에 서서 "우리 아이도 그릴 수 있겠다"고 중얼거리는 사람들을 볼 수 있습니다. 이런 말에 대해 "정말 그럴까?"라고 묻는 연구자들이 있습니다. 보스턴칼리지의 홀리돌란과 위너입니다. 그들은 숙련된 행동 실험을 통해 관람자가 작가의 예술적 의도를 느낄 수 있는지 연구했습니다.[67]

이 실험에서는 서로 쌍을 이루는 그림을 사용했습니다. 한쪽은 폴록, 로스코, 톰블리 등 실제 추상화가의 작품, 다른 한쪽은 예술가가 아닌 '창작자'의 작품, 즉 어린아이, 그리고 심지어 코끼리, 침팬지, 고릴라, 원숭이를 포함한 동물들이 '그린' 작품입니다. 쌍을 이룬 그림은 각각 비슷한 색조, 선의 질감, 붓놀림, 매체들이 선택되었으므로 외형은 매우 비슷합니다(그림 10.3). 실험 참가자는 이 두 부류의 그림 중 어느 것을 "더 선호하는지", 그리고 어느 것이 "더 나은지"에 대답합니다. 그 결과, 70% 안팎의 사람이 실제 화가가 그린 작품을 좋아하고, 또 우수하다고 답했습니다. 언뜻 보면 닮았고, 어떤 의미에서 '낙서'로 보이는 그림들 중에서도 화가의 작품을 더 좋아한다는 것을 알았습니다.

이 실험의 트릭은 라벨링에 있습니다. 위너 등은 '유명 화가', '어린아이', '원숭이', '코끼리'의 작가 라벨링을 어느 쌍에서는 올바르게 붙였지만, 어떤 쌍에서는 일부러 라벨을 올바르지 않은 것으로 바꿔놓았습니다. 말하자면, 사실은 로스코의 작품인데 참가자에게 '원숭이가 그린 작품'이라고 생각하게 한 것입니다. 그러나 이렇게 라벨링 조작을 해도, 어떤 라벨링이 붙어 있어도 참가자들은 예술가가 그린 작품을 좋아한다는 결과를 얻을 수 있었습니다.

또 하나 이 연구에서 알게 된 중요한 것이 있습니다. 그것은 '어느 쪽이 더 뛰어난가?'에 관한 질문의 답변을 얻기 위해 '어떠한 기준으로 자신의 답을 결정했는가?'라고 참가자들에게 물었을 때 알게 된 것입니다. 그들은 '작가가 무엇을 달성하려고 했을까?', '제작 중에 어떤 것을 생각하고 있었을까?'라고 하는 작가의 의도를 생각해서 답을 결정했습니다. 즉, 전문 예술가의 손에 의한 작품은 보는 사람에게 어린아이나 동물이 그린 랜덤한 모양보다 뛰어난 예술적 '의도'를 전달할 가능성이 밝혀진 것입니다.

전문적인 예술교육을 받지 않은 사람들이라도 추상회화를 보고 있을 때 자신들이 의식적으로 알고 있는 것 이상을 '보는' 게 가능합니다. 누군가가 어린아이라도 그릴 수 있을 그림이라고 말한다고 해도 실제로 두 그림을 비교해보면, 비록 어린아이나 동물이 그린 것으로 잘못 라벨이 붙어 있더라도 화가의 작품에 매료될 수 있습니다. 요약하자면, 이와 같이 우리는 작품 뒤에 있는 보이지 않는 작가의 의도를 느낄 수 있다는 것입니다.

XI

인지 체계와 아름다움

1. 프랜시스 베이컨과 얼굴, 신체, 사물
2. 얼굴 및 신체와 물체의 인지
3. 바뀔 수 없는 것과 유연한 것
4. 두 가지 인지 개념과 두 종류의 아름다움
5. 뇌와 아름다움

미적 판단과 지각적 판단

지금까지 살펴본 인지신경과학 연구가 아름다움에 관한 연구에 무언가 기여할 수 있을까요? 먼저 겉보기에는 아무 관계도 없는 주제부터 들어갑시다. 화가 프랜시스 베이컨에 관한 것입니다. 베이컨의 작품에는 사실 우리의 인지에 대한 중요한 시사점이 숨겨져 있기 때문입니다.

1.
프랜시스 베이컨과 얼굴, 신체, 사물

한눈에 베이컨의 그림이라고 알아볼 수 있습니다. 이런 강렬한 인상을 주는 작품을 그린 프랜시스 베이컨은 20세기의 중요한 예술가 중 하나입니다. 왜곡된 얼굴, 비틀린 신체, 시체를 연상시키는 색채의 사용. "끔찍하고 불쾌한 그림을 그리는 남자"는 마거릿 대처 전 영국 총리가 베이컨을 가리켜 한 말입니다. 한 나라의 총리가 그렇게까지 말할 때는 그만큼 그의 작품에 보는 이에게 강렬한 인상을 주는 무언가가 있다는 것입니다. 2013년 베이컨의 〈루시안 프로이드에 관한 세 점의 습작Three Studies of Lucian Freud〉이 당시 경매 역사상 최고 가격(약 9천만 파운드)에 낙찰된 것은 예술로 표현되는 추에 우리가 얼마나 집착하고 있는가를 여실히 보여준다고 말할 수도 있습니다. 화가로서의 탁월한 기량뿐만 아니라 거기에 그려진 추와 죽음, 그리고 노화가 인간의 진실을 비추고 있기 때문일지도 모릅니다. 강렬한 인상을 주는, 충동적이고 감정적이라고도 할 수 있는 그의 화풍은 언뜻 보면 인지 구조 등과는 거리가 먼 주제

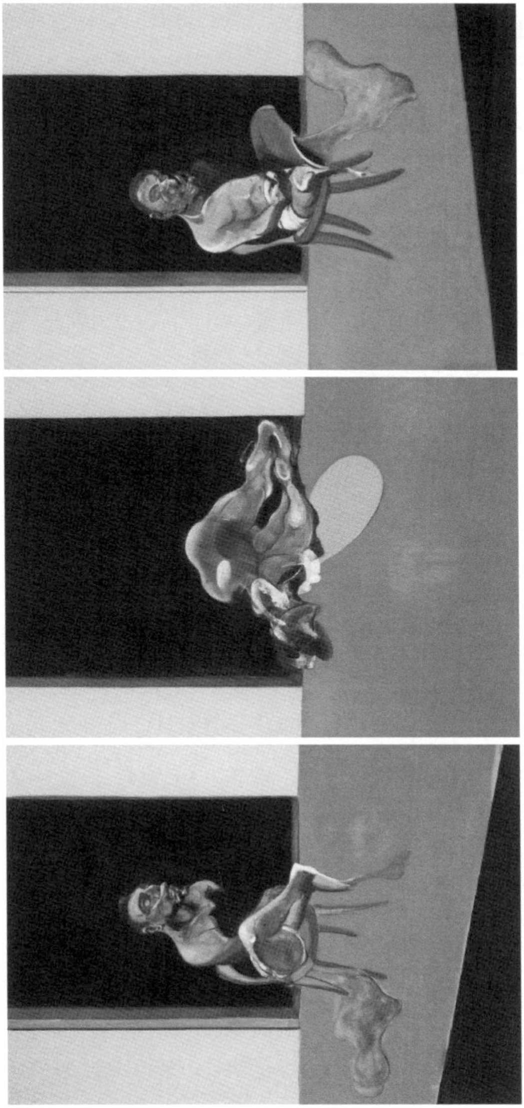

그림 11.1 프랜시스 베이컨, 〈삼면화 – 1972년 8월〉, 1972 [CR 72-07]

p.c16

처럼 생각됩니다. 도대체 어떤 점이 신경미학과 관련이 있는 것일까요?

그림 속 베이컨 작품의 예를 살펴보겠습니다. 왜곡된 얼굴과 신체를 가진 한 남자가 의자에 앉아 있습니다(그림 11.1).* 베이컨 작품의 커다란 특징 중 하나는 이처럼 폭력적으로 왜곡된 모델의 얼굴과 신체라고 할 수 있습니다.

흥미롭게도 베이컨의 작품에는 인간 형상의 왜곡 이외에도 다른 공통된 특징이 있습니다. 여러분은 혹시 사례로 제시된 그림을 보고 무엇을 깨달았나요? 그것은 인공물이나 사물, 즉 그림의 예를 통해 말하자면, 의자는 왜곡되지 않고 있는 그대로의 자연스러운, 정상적인 형태로 그려져 있다는 점입니다.[68] 즉 베이컨은 모델의 얼굴과 신체를 격렬하게 왜곡시킨 반면, 인공물에는 그러한 변형을 가하지 않았습니다. 이러한 경향은 그의 모든 작품은 아니더라도 많은 작품에서 공통적으로 나타납니다. 의자뿐만 아니라 테이블이나 침대, 또는 전등 등은 거의 자연스럽게 묘사되어 있습니다.

또한 관람자에게 강렬한 시각적 인상을 주는 이 왜곡을 베이컨 자신은 '시각적 충격'이라고 부르고 있습니다. 시각적 충격이란 무엇일까요? 한 인터뷰에서 베이컨은 다음과 같이 대답합니다.

---

* 프랜시스 베이컨의 저작권을 다루는 재단인 DACS 웹사이트에서 베이컨의 다른 작품을 많이 볼 수 있다.

"시각적 충격은 하나의 표현 형식이다. 어떤 표현일지는 모르지만, 시각적 충격을 준다. 나는 정보가 뇌 피질 속으로 퍼지기 전에 관람자에게 시각적 충격을 주고자 한다."

2.
얼굴 및 신체와 물체의 인지

얼굴과 신체는 시각 인지에서 특별한 자극 범주라고 알려져 있습니다. fMRI 연구에서는 측두엽의 하부와 후두엽에 위치하는 방추상회 얼굴 영역(fusiform face area) 등이 얼굴 정보의 처리를 전문적으로 담당하고 있으며, 선조외 신체 영역(extrastriate body area)이라는 시각 피질 부위가 신체상의 정보처리를 담당하고 있는 것으로 알려져 있습니다.[69] 사고 등으로 인해 뇌의 얼굴 정보처리 영역에 손상을 입어 정상적으로 기능하지 않게 되면, 보고 있는 얼굴이 누구의 얼굴인지 모르게 되는 '얼굴인식 불능증'이라 불리는 증상이 발생합니다. 이를 통해 뇌 부위가 얼굴과 신체의 지각적 인지에 중요하다는 것을 알 수 있습니다. 발달심리학 연구에 따르면, 인간은 얼굴을 우선적 · 선택적으로 인식하는 '능력'이 있으며 이러한 능력은 태어날 때부터 (또는 적어도 생후 매우 이른 시기에) 관찰된다고 합니다. 이러한 결과에서 강하게 드러나는 것은 우리가 태어나면서부터, 또는 생후 매우 이른 단계에서 얼굴이라는 사회적으로 중요한 자극을 효율적으로 인지하기 위한 '생득적 개념'을 가지고 있을 가능성입니다. 여기서 '개념'은 '템플릿'이라고도 할 수 있겠습니다.

반면, 인공물의 경우에는 어떨까요? 뇌에는 복잡한 물체에 반응하는 부위(외측 후두복합부)가 있습니다. 그러나 이 부위는 특정 물체, 예를 들어 '의자' 또는 '테이블'에 반응하지 않고 복잡한 시각물일 경우에만 활성화됩니다. 하나의 인공물에 대한 정보처리를 관할하는 특정한 뇌 부위는 없다고 할 수 있습니다. 즉, 인공물의 인지에는 얼굴과 신체에 대한 '생득적 개념'과 같은 것이 없는 게 아닐까 생각됩니다.

그러나 그 대신 인공물의 인지에는 얼굴과 신체의 인지에는 없는 특성이 있습니다. 바로 인공물의 개념은 '지식'으로서 후천적으로 학습될 수 있다는 점입니다. 우리는 새로운 것을 접할 때 이를 새로운 개념으로 학습하고 적응할 수 있습니다. 또한 한번 학습한 개념에 변화가 생겼을 경우는 그것을 재학습하고 업데이트할 수도 있습니다. 예를 들어, 등받이가 없는 의자도, 다리가 세 개인 의자도, 표면이 일그러진 의자도 '의자'라는 개념으로 인식할 수 있겠죠? 이렇게 함으로써 무한히 생겨나는 새로운 인공물들을 취급할 수 있게 됩니다. 다시 말해, 인공물의 개념은 학습이나 경험 등을 통해 후천적으로 획득되는 것이고, 그렇기에 상황에 따라 변화할 수 있는 유연성을 가졌다고 생각될 수도 있는 것입니다. 나중에 설명하겠지만, 이러한 유연성은 얼굴이나 신체의 인지에서는 볼 수 없습니다.

이러한 점에서 우리의 시각적 인지는 크게 두 가지로 나눌 수 있습니다. 즉 ① '생득적 · 생물학적 범주'에 해당하는 개념으로서의 얼굴과 신체, ② '후천적 · 인공적 범주'에 해당하는 개념으로서의 인공물 및 일반 사물입니다. (생득적 성질과 후천적 성질을 100% 구분하는 것은 인간을 대상으로 한 심리학이나 인지신경과학에서 매우 어려운 일입니다. 그러므로 여기서 사용하는 생득적이라는 용어는 '아주 초기의 발달 단계'라는 의미로 이해하기 바랍니다.)

이제 앞에서 말한 베이컨의 그림으로 돌아가 보겠습니다. 위의 정의에 따라 베이컨의 회화를 검토해보면 그의 회화 작업에 대해 다음과 같이 해석할 수 있습니다.

> "얼굴과 신체에 관한 생득적 개념을 극렬하게 변형시킨 반면, 인공물이 가진 후천적 개념에는 손을 대지 않고 자연스러운 상태로 그려내고 있다."

그렇다면 베이컨은 도대체 왜 그렇게 했을까요? 왜 그는 얼굴과 인공물을 이러한 규칙에 따라 표현했을까요? 거기에는 반드시 이유가 있을 것입니다.

3.
바뀔 수 없는 것과 유연한 것

왜 프랜시스 베이컨은 얼굴과 몸만 비정상적인 형태로 왜곡시켜 그렸을까요? 물론 알 수 없습니다. 베이컨은 1992년에 세상을 떠났기 때문입니다. 그러나 인지신경과학의 관점에서 생각한다면 하나의 가설을 제안할 수 있습니다. 그것은 얼굴과 신체의 왜곡은 인공물의 왜곡보다 더 강력하게 뇌 반응에 영향을 미칠 수 있다는 실험적 사실에 기초합니다.

런던대학교에서 실시된 뇌 기능 연구에서는 〈그림 11.2〉에 예시한 것과 같은 얼굴과 인공물(실험에서는 의자와 항공기의 사진이 사용되었습니다)의 왜곡된 이미지를 관찰하고 있을 때의 뇌 활동과 왜곡되지 않은 자연적인 형태의 각 자극 범주의 이미지를 관찰했을 때의 뇌 활동을 비교했습니다.[70] 전자는 꼭 베이컨의 그림에 나올법한 이미지입니다.

결과를 보면, 우선 전두엽의 가장 바깥쪽에 위치하는 '배외측 전전두피질'이라고 불리는 부위가 왜곡된 이미지 조건에서만 활성

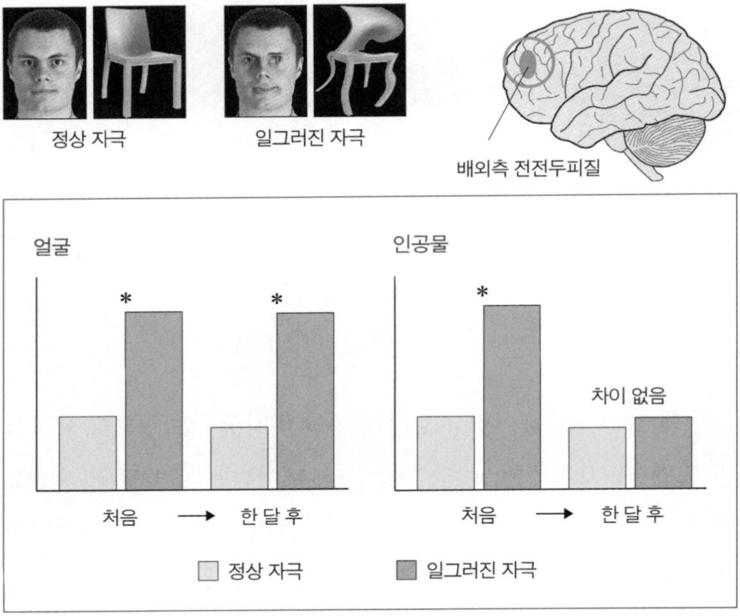

그림 11.2 실험에 사용된 정상 자극, 일그러진 자극의 예(왼쪽 위). 배외측 전전두피질의 위치(오른쪽 위). 각 실험 자극을 관찰하고 있을 때의 배외측 전전두피질의 활동량 변화(아래). (Chen & Zeki, 2011에서 수정)

화되었습니다. 이러한 반응은 자극이 얼굴이든 인공물이든 왜곡된 이미지일 때 일어났습니다. 배외측 전전두피질은 뭔가 보통과 다른 이상한 사태, 예상된 것과 다르게 일어났을 때 강하게 활성화되며, 다른 뇌 부위에 주의를 이끌어내는 신호를 보내는 기능을 담당하고 있습니다. 예를 들면, '파란색 바나나'나 '노란색 피'를 보고 있을 때 말입니다. 둘 다 평소에는 있을 수 없는 상황입니다. 배외측 전전두피질이 왜곡된 얼굴이나 왜곡된 의자 등 평소와 다른 이미지를 관찰하고 있을 때 활성화된다는 것은 이해할 수 있는 결과라고 할 수 있습니다.

그러나 더 흥미로운 점은 이 연구가 지속되면서 발견되었습니다. 최초의 뇌 활동 기록 후 실험 참가자들에게 과제가 부과되었습니다. 한 달간 매일 실험에서 사용된 자극 이미지(왜곡된 얼굴, 왜곡된 인공물, 정상적인 형태의 얼굴, 정상적인 형태의 인공물)를 관찰해야 한다는 것입니다. 그리고 한 달 후 다시 자극을 관찰했을 때의 뇌 활동을 기록했습니다. 그때의 결과가 매우 흥미롭습니다. 배외측 전전두피질은 왜곡된 인공물 조건에서는 활동이 저하되어 정상적인 조건 사이에 차이가 보이지 않게 되었습니다. 한 달간 반복적으로 이미지를 보았기 때문에 자극 이미지에 익숙해진(순응이 생긴) 것으로 생각됩니다(그림 11.2). 반면에 왜곡된 얼굴을 관찰하고 있을 때 배외측 전전두피질은 한 달 전과 변함없이 여전히 활동을 보이는 것을 알게 되었습니다.

이러한 결과는 우리가 얼굴의 생득적 개념의 침해에 적응할 수 없는 반면, 인공물에 대한 후천적 개념의 침해는 단 한 달의 노출로 인해 익숙해질 수 있음을 보여줍니다. 앞서 설명했듯이, 의자 등 인공물의 개념은 반복된 경험을 통해 재구성되고 유연하게 편집될 수 있다고 할 수 있습니다. 이 같은 관점에서 생각한다면, 프랜시스 베이컨은 보는 사람들에게 지속적으로 그리고 효과적으로 '시각적 충격'을 제공하기 위해 인간의 시각 인식에 나타나는 이러한 성질과 뇌 기능을 자기도 모르게 이용하여 작품의 표현 형식을 최적화했다고 볼 수 있습니다. 프랜시스 베이컨의 작품은 생득적 개념과 후천적 개념의 차이와 영향에 관련한 최적의 소재이기도 합니다.

이것이 인지신경과학의 관점에서 비춰본 베이컨 회화의 비밀입니다. 물론 베이컨 작품의 이면에 관해 신경과학적인 사실만으로 설명할 수는 없습니다. 아버지와의 관계나 전쟁으로 치닫는 세기말적인 분위기 따위도 당연히 영향을 미쳤을 것입니다. 물론 이러한 인지적 틀은 언제든지 100% 적용될 수 있는 것은 아닙니다. 잡지 표지를 연대순으로 늘어놓기만 해도 생득적 개념으로 범주화된 얼굴조차 취향과 선호가 바뀌어왔다는 것은 분명합니다. 잡지가 독자의 취미에 큰 영향을 미치기 때문에 얼굴 취향도 바뀔 수 있다고 예상됩니다. 그러므로 어느 정도의 '변화'가 나오는 것입니다. 그러나 하나의 후천적 틀(가령 어떤 형태의 의자이든지 간에)은 결국 언젠가 받아들여지겠지만, 얼굴이나 신체의 극단적 변화가 받아들여질 수 없다는 것도 분명한 사실이라고 할 수 있습니다.

4. 두 가지 인지 개념과 두 종류의 아름다움

앞서 '생득적 개념'과 '후천적 개념'이 우리의 시각적 인지에 중요하다는 점을 소개했습니다. 이러한 기본적인 인지 틀은 시각적 아름다움의 인지에도 영향을 미치는 것으로 보입니다. 이 책에서는 감각적 경험들, 특히 아름다움에 대해 뇌가 어떻게 반응하는지 살펴보았습니다. 이제 우리가 논의한 내용을 이러한 인지 틀에 따라 정리해봅시다.

우선 생득적 개념과 관련된 아름다움에 대해 어떤 것을 생각할 수 있을까요? 이 개념은 문화와 경험으로 인해 전복되기 어렵습니다. 그리고 생득적 개념의 아름다움은 생물학적인 욕구나 기본적인 만족과 관련되어 있으므로 보편성이 높은 것이라고 할 수 있습니다. 지금까지 이에 해당하는 두 가지 유형의 아름다움에 대해 살펴봤습니다.

첫째는 VI장에서 소개한 물리적으로 단순한 자극의 아름다움입니다. 점의 운동과 뇌의 V5 부위, 혹은 몬드리안 회화의 특징과 방향 선택성 세포가 대응하고 있는 것 등에 관해 이야기했습니다. 이러한 시각 피질을 포함한 시각 처리 체계의 역할은 자극의 물리적 특징에 대한 정보를 처리하는 것이었습니다. 그리고 이처럼 시각뇌의 구조가 개인마다 서로 비슷하기 때문에 그것이 보편성의 기반이 될 가능성이 있다고 했습니다. 그러므로 이것은 생득적 개념에 속하는 아름다움으로 간주될 수 있습니다.

또 하나는 역시 VI장에서 소개한 얼굴의 아름다움입니다. 얼굴과 신체의 인지는 생물로서 생존에 필수입니다. 갓 태어난 아기도 얼굴에 특별한 반응을 보이고 아름다운 얼굴을 구별할 수 있다는 점을 소개했습니다. 또한 얼굴은 풍경화나 추상화에 비해 선호도에서 개인차가 작다는 특징도 있었습니다. 앞 절에서는 프랜시스 베이컨의 작품을 주제로 얼굴과 신체는 각각의 개념을 바꿀 수 없는 자극 범주라는 점도 이야기했습니다. 이상과 같은 논의로부터 얼굴의 아름다움도 생득적 개념에 속하는 아름다움이라고 할 수 있겠습니다.

그렇다면 후천적 개념의 아름다움에 관해서는 어떤 것을 생각할 수 있을까요? 이 개념은 경험과 학습에 의해 동적으로 형성되는 것으로 생각됩니다. 성장 환경과 개인적 경험의 영향을 받아 문화와 사회 규범에 의해 규정되는 부분이 있습니다. 또한 후천적 아름다움은 상황에 따라 유연하게 변화합니다.

이 후천적 개념에 관련된 아름다움의 예로 III장에서 소개한 도덕적 아름다움을 들 수 있습니다. 도덕도 사회적 규범과 집단 생활에 의해 학습되어 상황에 따라 변화하는 것입니다. 그러므로 도덕적 아름다움도 후천적 개념의 범주에 들어갈 것입니다.

또한 IV장에서는 입소문이나 사회적 정보 등 다양한 맥락에 따라 형태를 바꾸어가는 유연한 미적 감각의 성질도 소개했습니다. 이 유연한 감각을 바탕으로 한 아름다움도 후천적 개념에 대응한다고 할 수 있습니다.

이 두 가지 인지적 틀은 두 종류의 즐거움과도 통하는 점이 있습니다. VII장에서는 우선 즐거움을 크게 두 종류로 나누어 거기에서 아름다움에도 두 종류를 상정할 가능성을 생각했습니다. 생리적 보상에서는 생물학적 아름다움(얼굴, 신체 등의 아름다움)이 상정되었고, 내적 · 사회적 보상에서는 고차원의 아름다움(예술, 도덕 등의 아름다움)이 상정되었습니다. 이들은 두 가지 인지 개념과도 연결됩니다.

표 11.1 생득적 개념과 후천적 개념

	생득적 개념	후천적 개념
자극 범주	생리적 욕구와 관련이 있는 것 (얼굴 · 신체, 음식, 환경 등)	생리적 욕구와 직접 관련이 없는 것 (예술, 수학, 도덕 등)
관련 보상	생리적 보상	내적 · 사회적 보상
후천적 영향	받기 어려움	받기 쉬움
수반 감정값	긍정적 감정값	부정적 감정값도 수반 가능

이 부분을 정리해보면 〈표 11.1〉과 같습니다. 표 왼쪽의 생득적 개념부터 살펴봅시다. 여기에 분류되는 자극 범주는 얼굴 및 신체나 음식 또는 환경 등입니다. 생물학적 욕구, 즉 생존이나 짝짓기, 안전한 거처 등에 관계하는 것들입니다. 쾌 감정과의 관계에서는 생리적 · 1차적 보상으로 분류될 것입니다. 따라서 이러한 자극을 얻는 것 자체가 바로 쾌 감정('긍정적 감정값'이라고도 부릅니다)에 흠뻑 빠지게 됩니다. 개인의 경험이나 학습, 문화적 배경의 차이 등 후천적인 영향이 적다고 할 수 있습니다. 많은 사람들이 공감하는 아름다움이라고 할 수 있습니다.

다음으로 표의 오른쪽을 살펴봅시다. 후천적 개념 쪽입니다. 이것들은 생득적 개념과는 다르게 다양한 후천적 요인에 의해 형성되어가는 것입니다. 그러므로 여기에 분류할 수 있는 자극 범주는 생득적 개념에 속하는 자극 이외의 어떤 것이라도 들어올 가능성이 있습니다. 예를 들어 예술작품, 특히 추상미술이나 개념미술을 감상하기 위해서는 물리적 자극으로서의 작품뿐만 아니라 그 뒤에 있는 의도나 문맥을 이해하기 위한 지식이나 훈련이 필요합니다. 수학의 경우에도 마찬가지였습니다. 이 범주에 포함된 아름다움의 감각은 생리적 보상에 연관될 필요가 없고, 내적 · 사회적 보상에 대응하고 있습니다. 또한 생득적 개념의 아름다움은 그 성격상 긍정적인 감정값을 수반했지만, 후천적 개념의 아름다움은 부정적인 감정값을 수반할 수도 있습니다. 왜냐하면 생리적 욕구가 충족될 필요가 없기 때문입니다. 따라서 미적으로는 긍정적이지만 감정적으로는 부정적인 복잡한 미적 경험이 될 수 있습니다. VIII장에서 소개한 숭고와 비애미가 좋은 사례입니다. 그 밖에 도덕에서 발견되는 아름다움도 문화와 성장의 차이, 그리고 상황에 따라 변화하는 것이라고 할 수 있으므로 후천적 개념과 관련이 있는 아름다움이라 할 수 있습니다.

5.
뇌와 아름다움

여기서 감각적 경험과 관련이 있다고 간주되는 주요 뇌 부위를 다시 한번 살펴보겠습니다.

VII장에서는 생리적 보상과 내적 · 사회적 보상에 각각 상응하는 뇌 영역을 소개했습니다. 생리적 보상과 관련된 뇌 활동은 주로 뇌 안쪽의 깊은 부위에 있는 대뇌 변연계의 복측 선조체에서 자주 나타납니다. 복측 선조체는 즐거움의 경험을 일으키는 역할을 담당한 뇌의 보상계 중 하나였습니다. 생득적 개념의 아름다움(생물학적 아름다움)에 관한 신경미학 연구에서도 이 부위의 활동이 자주 보고되고 있습니다.

한편, 내적 · 사회적 보상에 관계하고 있던 부위는 전두엽의 내측 안와전두피질이었습니다. 이 영역의 활동은 생득적 개념의 아름다움에서도 볼 수 있지만, 더 많이 보고되는 것은 후천적 개념의 아름다움(고차원의 아름다움)입니다. 흥미롭게도 반대로 후천적 개념의 아름다움에서는 복측 선조체의 활동은 별로 보이지 않는 경향이 있습니다.

IV장과 V장에서는 맥락이나 입소문 등의 영향으로 미적 판단이 변화하는 연구를 소개했습니다. 거기에서는 내측 안와전두피질의 활동이 고차 영역인 배외측 전전두피질의 조절을 받고 있을 가능성을 이야기했습니다.

또한 VIII장에서 소개한 비애미의 연구에서는 내측 안와전두피질이 중간 대상피질로 연결되어 있었습니다. 중간 대상피질은 공감과 관련된 부위입니다. 비극의 주인공의 고통과 슬픔에서 발견되는 미적 감정이 이 두 뇌 영역의 기능적 결합에 의해 실현되고 있을 가능성을 소개했습니다.

이러한 예들과 같이 후천적 개념의 아름다움에서 내측 안와전두피질은 다른 뇌 부위와 기능적으로 결합하여 협동하고 있다고 생각됩니다. 실제로 얼굴의 아름다움에 대한 판단과 도덕적 아름다움에 대한 판단을 직접 비교한 실험에서 얼굴에 대한 미적 판단에서는 복측 선조체와 내측 안와전두피질 모두에서 활동이 보였지만, 도덕적 아름다움의 판단에서는 내측 안와전두피질만이 반응하고 있었습니다. 두 가지 다른 종류의 아름다움에는 공통적으로 활성화되는 뇌 부위와 다른 뇌 부위가 있을 것입니다.

물론 이 분류는 하나의 가설에 지나지 않고 아직도 고려해야 할 것이 많이 있습니다. 예를 들어 두 체계가 충돌하는 상황에서는 어떻게 될까요? 즉 생물학적 욕구에 기초한 아름다움과, 학습에 기초한 처벌이 함께 있는 상황에서 인간은 어떻게 선택하고 행동할까요? 예를 들어, 예술의 아름다움과 도덕의 아름다움을 동일한 종류로 대충 분류할 수 있을까요? 이런 점은 아직 고려되지 않고 있습니다. 하지만 우리의 인지를 크게 두 가지 틀로 파악한다면 적어도 '변하지 않는 아름다움'과 '유연한 아름다움'의 두 가지가 있다고 생각합니다. 그리고 이 둘의 차이는 두뇌 체계의 차이도 반영하고 있다고 생각합니다.

7
미적 판단과 지각적 판단

뇌 기능 매핑의 신경미학 실험에서는 실험 참가자들에게 미적 경험의 강도와 미추의 판단을 내리도록 하는 과제가 많이 있습니다. 여기서 문제가 되는 것은 '판단을 한다'는 행위 자체가 뇌의 반응을 일으킨다는 점입니다. 말하자면, 그 판단이 미적 판단인지, 아름다움과 관련이 없는 판단인지에 상관 없이 어떤 판단을 내릴 때 뇌는 이에 관련된 어떠한 활동을 하고 있을 것입니다. 따라서 미적 판단에 관련해 관측될 수 있는 뇌 활동(예를 들어 내측 전전두피질의 활동)도 아름다움의 판단이 아니라 단순히 제시된 자극에 대한 판단 행위를 반영하고 있는 것은 아닐까 하는 의문이 생깁니다.

이에 대답하기 위해 미적 판단을 할 때의 뇌 활동을 미추 이외의 판단, 즉 지각적 판단(여기서는 '밝기'의 판단)을 행할 때의 뇌 활동과 비교하는 실험이 이루어졌습니다.[71] 내측 안와전두피질이 미적 판단과 관련이 있다면, 지각적 판단을 내릴 때는 활동이 낮고 미적인 판단을 할 때 강하게 반응할 것입니다. 실험에서는 한 쌍의 그림이 자극으로 사용되었습니다. 실험 참가자는 동일한 한 쌍의 그림에 대해 미적 판단을 내리는 조건에서는 '왼쪽과 오른쪽 그림 중 어떤 쪽이 더 아름다운가?', 지각적 판단 조건에서는 '어느 쪽이 더 밝은가?'를 판단했습니다. 이 실험의 결과 내측 안와전두피질은 미적 판단의 경우에만 활성화되었으며 밝기 판단의 경우 활동하지 않았다는 것이 밝혀졌습니다. 그러므로 이 뇌 부위의 활동은 단순한 일반적인 판단 행위가 아니라 아름다움의 판단에서 선택적 역할이 있다고 볼 수 있습니다.

또한 이 연구에서는 하두정엽이나 외측 전전두피질 등 양쪽의 판단 과제에서 공통적으로 활성화되는 부위와 내측 안와전두피질이나 대뇌 기저핵 등 미적 판단의 경우에만 활동하는 부위가 있다는 것을 알았습니다. 하두정엽과 외측 전전두피질은 물체의 크기 등 일반적인 지각 판단을 할 때 기능하는 것으로 알려져 있는 반면, 대뇌 기저핵은 감정 처리에 관여하고 있습니다. 즉, 미적 판단이 일반적인 지각 판단을 하기 위한 뇌 모듈 외에 감정에 관한 모듈도 이용하여 실현되고 있을 가능성이 나타납니다. 미적 판단과 인지적 판단의 차이는 칸트 철학에서도 중요한 주제 중 하나입니다. 이 부위가 갑자기 새로운 기능을 얻은 것은 아닌 것으로 보입니다. 뇌에 아름다움에 특화된 독립된 체계가 존재하는 것이 아니라 내측 안와전두피질을 비롯하여 본래 존재하는 두뇌 체계 중 여러 부위가 협동하고 있는 것은 아닐까 생각됩니다.

XII

아름다움의 인지신경과학

1. 참됨, 선함, 그리고 아름다움
2. 생물학적 욕구와 인간의 품성

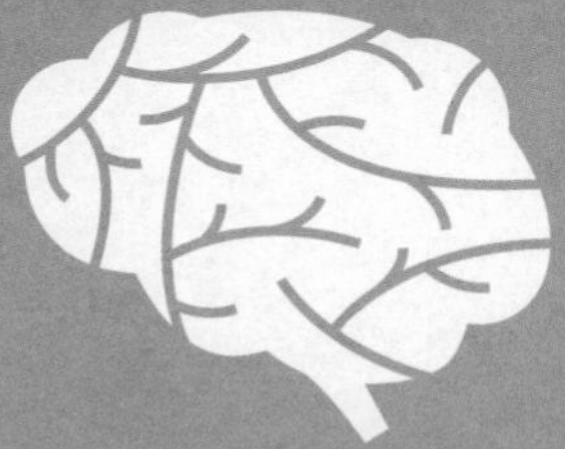

1.
참됨, 선함, 그리고 아름다움

아름다움에 대해 생각할 때, 우리는 종종 예술의 아름다움을 염두에 둡니다. 하지만 이 책에서 소개한 연구들을 통해 알 수 있듯이 아름다움은 사람이 행하는 판단 전반에서 나타납니다. 예술에도, 도덕에도, 수학에도, 삶의 방식에도. 아름다움은 일상적으로 편재하는 보편적인 감각입니다. 심각한 우울증이나 쾌감상실증 등 일부 특수한 질환을 제외하면 우리 모두가 일상적으로 경험하는, 말하자면 모두에게 공통적으로 갖추어져 있는 일종의 감각이라고 할 수 있을지도 모릅니다. 그렇다면 이처럼 우리의 판단에 편재하는 아름다움의 감각은 우리에게 어떤 의미가 있을까요? 신경미학 연구를 통해 우리는 아름다움에 대해 무엇을 배웠을까요?

하나는 우리가 직면하는 다양한 선택 상황에서 그 판단 재료가 되는 중요한 '결정 요인'으로서의 역할이 아름다움의 감각에 있다고 생각된다는 것입니다. 그런 판단은 혹시 '옳음'이나 '선함'에 관계하고 있는 것은 아닐까요? 플라톤 철학과 이데아론에서 '진, 선, 미'는 인간이 이상적으로 추구하는 보편적인 가치입니다. 이 책에서 언급했듯이, 우리에게는 선과 미를, 그리고 진과 미를 연결시키는 인지적 편향이 있습니다. 이러한 점에서 아름다움의 감각이란 어떤 것의 '옳음'이나 '선함'을 판단하기 위한, 어떤 종류의 감정적 정보를 전달하는 기능을 가지고 있다고 말할 수 있을지도 모릅니다. 그렇다면 이 결정인자는 번식, 도덕, 예술 등 다양한 대상에 적용될 수 있습니다. 종의 보존이나 개체의 생존에 대한 압력이 비교적 적은 현대 문명사회에서는 아름다움이라고 부르는 결정인자를 특히 예술에서 빈번하게 사용하고 있지만, 그것은 인류의 조상의 삶에서 배우자 선택이나 안전한 거주 장소 등을 판단할 때 매우 중요한 역할을 했을 거라고 상상할 수 있습니다.[72]

또한 우리는 생존에 대한 압박감이 약한 현대에 살고 있기 때문에 무엇이 옳고 무엇이 선한지는 그때의 상황이나 사회적 맥락에 따라 변화합니다. 우리가 항상 안고 있는 문제는 참됨이나 선함 어디에도 엄밀한 의미에서 '정답'이라고 할만한 것이 존재하지는 않는다는 것입니다. 입장이나 상황에 따라 항상 바뀌어가는 것입니다. 정답이나 절대적인 것이 없는 세계에서 우리가 기댈 수 있는 지표 같은 것이 인간 한 사람 한 사람이 가진 아름다움의 감각이 아닐까 생각합니다.

2.
생물학적 욕구와 인간적 품성

앞에서 아름다움은 적어도 두 가지 종류로 분류할 수 있다고 이야기했습니다. 어떤 아름다움의 감각은 보편적이고 우리 모두가 공유할 수 있습니다. 말하자면, 생득적인 아름다움(생물학적 아름다움)이라고 소개한 것입니다. 그런 아름다움은 복측 선조체를 기반으로 한 생물학적 욕구, 즉 1차 보상을 추구하기 위한 뇌 체계를 바탕으로 하고 있습니다.

다른 하나의 아름다움은 각 개인이 살아온 환경과 성장 경험에 의해 개인화되고, 순간의 맥락에 따라 동적으로 형성된 유연성을 가진 것이었습니다. 즉, 후천적인 아름다움(고차원의 아름다움)입니다. 그리고 그것은 내측 안와전두피질을 중심으로 한 미적 판단의 뇌 체계와 배외측 전전두피질 등 고차적인 뇌 영역과의 상호작용을 기반으로 하고 있다고 말했습니다.

즐거움의 과학에서는 '강화'라는 개념이 있습니다. 무엇인가 보상을 얻으면, 그 보상을 얻은 원인이 되는 행위를 더 많이 행하게(강화하게) 합니다. 이처럼 보상을 주는 행위를 강화하는 보상 자체를 '강화물'이라고 부릅니다. 배가 고플 때는 음식이 강화물이 되고, 돈도 역시 강화물이 됩니다. 생득적 아름다움은 원래 1차적인 보상이나 생리적 보상에 연결되어 있기 때문에 그 자체가 즐거움이 되며 그 자체로 동기, 즉 강화물이 된다고 할 수 있습니다.

그런데 후천적인 아름다움은 단순한 즐거움이라고 단언할 수 없겠죠? 비극 예술에서 발견되는 아름다움, 적요(寂寥)에서 발견되는 아름다움, 자기희생에서 느끼는 아름다움. 이러한 부정적인 감정값을 가진 아름다움은 결코 단순한 즐거움이 아닙니다. 그런 아름다움은 때로는 아프고 애처롭고 생존의 최적화와는 반대 방향을 향하고 있다고 생각합니다. 그러나 동시에 이들은 도덕이나 이타성 등과 같은 인간 품성의 근간에 깊이 관여하고 있는 것이 많습니다.

부정적인 감정값을 추구하는 것은 생물학적으로 의미가 없습니다. 아무도 자발적으로 슬프거나 생존을 위협받기를 원하지 않습니다. 그러나 인간에게는 생리적인 즐거움이 수반되지 않는 것에 '의의'를 붙이고, 이를 향해 스스로 동기를 부여하는 힘이 존재합니다. 그 힘을 가져다주는 것이 바로 후천적인 아름다움이 가진 하나의 역할일지도 모릅니다. 그것은 생물학적인 욕구를 넘어 인간답게 살기 위한 힘이라고 할 수도 있습니다. 요컨대 쾌락에 뿌리를 둔 생물학적 욕구에 기초한 아름다움과 의의에 기반한 인간적 품성에 기초한 아름다움이 있다는 것입니다. 아리스토텔레스는

"인간의 행복은 헤도니아(쾌락)와 에우다이모니아(의의)*라는 두 가지 큰 요소로 이루어진다"고 말했습니다. 선천적 아름다움과 후천적 아름다움의 관계도 이 틀로 볼 수 있습니다. 에우다이모니아는 생리적 쾌락을 수반하지 않습니다. 후천적 아름다움은 그런 에우다이모니아에 대한 강화물이 되고 있을지도 모른다고 생각합니다. 우리는 이 두 아름다움의 뇌 기반을 다양한 판단의 근거로 삼고 있을지도 모릅니다.

여기서 논의한 것은 아직 경험과학적인 근거가 없는 가설에 지나지 않습니다. 하지만 미적 감성을 판단의 근거로 간주하는 논의는 사실 자연과학에서도 찾을 수 있습니다. 양자전자기학의 발전에 크게 기여한 폴 디락은 다음과 같이 말했습니다.

> "상대성이론이 물리학자에게 이토록 잘 받아들여지고 있는 것은 수학적인 아름다움 때문입니다. 예술의 아름다움을 정의할 수 없는 것처럼 수학적 아름다움을 정의하는 것은 매우 어렵습니다. 그러나 수학을 배우는 사람들은 그 가치를 쉽게 느낍니

---

* [역주] 아리스토텔레스가 설파한 '에우다이모니아'는 인간이 스스로 성취할 수 있는 최고선을 의미하며 잘살기(well-being), 행복, 번성 등과 동일시되었다. 에우다이모니아는 자칫 쾌락과 유사하게 이해될 수도 있으나, 단순한 주관적 만족 상태에 지나지 않는 것과는 엄연히 구별된다. 그것은 사회적 동물로서 인간이 현실에서 올바른 판단과 선한 품성을 계발함으로써 실현할 수 있는 인간적 선이다. 이런 점에서 이시즈는 에우다이모니아를 헤도니아와 구별하여 '의의'라고 번역하고 있다.

다. 자연의 기본 법칙을 수학으로 표현하려 할 때 단순함과 아름다움을 동시에 추구하는 것은 자주 있는 일입니다. 그러나 양자가 양립할 수 없는 경우 후자를 우선시해야 합니다."

자연의 법칙을 밝히기 위해 아름다움을 판단의 근거라고 강조한 또 다른 인물은 헤르만 바일입니다. 바일은 상대성이론과 전자기학을 연결 짓기 위한 이론을 구축한 인물입니다. 바일에게 이 이론은 매우 아름답습니다. 하지만 당시의 수학자들에게는 그것이 종래의 수학이 쌓은 지식에, 수학적 진실에 정면으로 맞서는 것이었다고 합니다. 바일은 다음과 같이 말합니다.

"나는 항상 진실을 아름다움과 통일하려고 시도했다. 하지만 둘 중 하나를 선택해야 할 경우, 나는 항상 아름다움을 선택했다."

그의 논문이 발표된 후, 양자역학의 발전과 함께 헤르만 바일의 이론은 마침내 학계에 받아들여집니다. 그것의 아름다움이 아니라 옳음에 의해 말입니다.

마치며

이 책에서는 아름다움에 대한 인지신경과학 연구를 중심으로 신경미학이라는 학문에 대해 소개했습니다. 신경미학에서는 이런 방향뿐만 아니라 〈그림 1.2〉처럼 아름다움 이외의 미적 경험에 대한 검토(이 책에서도 숭고, 비애미 등을 소개했습니다)나 예술 지각 및 인지에 대한 연구도 활발히 행해지고 있습니다. 그렇지만 미적 체험이나 예술에 관한 인지신경과학 연구에 대해 아직 여러 가지 비판이 있는 것도 사실입니다. 그중 하나는 뇌의 기능이라는 한 측면에서 예술이나 미적 감성에 대해 생각한다고 하더라도 포괄적인 이해는 기대할 수 없는 것 아니냐는 의견입니다. 그러므로 아름다움과 감성의 학문은 정성적으로 접근해야 한다는 것이 과학에서든 인문학에서든 이제까지 암묵적으로 받아들여져왔다고 할 수 있겠죠. 하지만 이 책에서 소개한 뇌 기능을 가시화하는 연구에서 알 수 있는 것처럼 미의 체험은 역시 물질로서의 뇌의 활동과 대응 관계를 가지며, 또한 뇌 활동에 대한 인위적인 개입이나 뇌 손상에 의해서도 변용

될 수 있습니다. 그런 면에서 아름다움의 체험을 물리적으로 측정함으로써 객관적 연구가 가능하다는 것을 인정함으로써 그 이해와 논의를 심화시킬 수 있을 것입니다. 그러한 접근은 미학이나 미의 철학을 다루는 인문학 관점에서는 기피되는 경우가 많을지도 모릅니다. 그러나 경험주의로부터의 실증적 접근은 확실히 인류에게 아름다움이란 무엇인가를 생각하는 데 적어도 하나의 도움이 될 것이라고 생각됩니다.

초월적인 미라는 개념은 실증적인 현대 미학 이론에서는 다루지 않게 되었습니다. 그러나 인간은 그것을 느끼기를, 그것을 추구하기를 멈출 수 없습니다. 우리가 느끼고 있는 강력하면서도 모호한 이 감각은 '아름다움'이라는 이름을 붙이기 전부터 우리의 주관성 안에 분명히 있었을 것입니다. 신경미학은 겹쳐진 베일의 반대쪽에 존재하는 '그것'의 단지 일부를 살짝 엿보게 해줄 뿐인지도 모릅니다. 그러나 심적 상태의 측정이라는 기술은 일찍이 미 연구의 선배들이 꿰뚫어보지 못했던 베일의 하나를 반드시 열 수 있을 것이라고 믿습니다. 그리고 '과학은 객관적 측정에 입각한다'는 생각에 따른다면 우리는 지금 아름다움이라고 하는 지극히 주관적인 경험을 과학의 대상으로서 연구할 수 있게 되었다고 할 수 있겠습니다.

추천의 글: 신경미학의 젊은 에이스

필자 이시즈 도모히로 선생님은 게이오대학교 박사과정을 마친 후 2009년부터 영국 유니버시티칼리지 런던(UCL)에서 이 책에도 여러 번 등장하는 신경미학의 권위자 세미르 제키 선생님과 많은 연구를 진행했습니다. 실험심리학과 뇌 기능 영상법 기술을 활용하여 인문학적인 문제(미추의 체험, 감성, 예술작품의 지각 등)에 대한 인지신경과학적 연구를 하는 신경미학이라는 새로운 학문 분야의 젊은 1인자입니다.

제가 젊었을 때는 인간의 신경심리학이란 참으로 미덥지 못한 학문이었고, 동물실험을 하고 있던 사람으로서 이 학문에 대해 매우 염려되었습니다. MRI의 발전, 특히 fMRI의 발전은 사람의 뇌 연구를 크게 변화시켰습니다. 물론 현재도 MRI는 신뢰할 수 없다는 평가가 있고, 실제로 신경 활동의 간접적 기록이라는 점은 부정할 수 없습니다. 하지만 현재 '뇌를 뺀' 실험심리학은 있을 수 없을 것입니다.

이시즈 선생님은 ① 미적 판단의 뇌 기제, ② 양의도(두 가지 의미의 그림)나 트릭 아트의 지각 연구, ③ 비애나 숭고 등의 감정에 관한 연구 등에서 많은 성과를 거뒀으며, 이 책은 그러한 경험을 바탕으로 신경미학을 알기 쉽게 소개한 것입니다. 미학의 기반은 철학일지 모르지만, 미는 인간이 실제로 느끼는 것이고 경험과학의 대상입니다. 실제로 구스타프 페히너의 실험미학 이래로 많은 실증적 연구가 진행되어왔습니다. 신경미학은 그러한 경험과학적인 연구의 흐름이 신경과학에까지 미친 것입니다.

일본학술회의에는 '행동생물학분과회'라는 분과회가 설치되어 있지만, 위원의 절반 정도는 생물학이 아니라 실험심리학 출신입니다. 이것은 생물학의 주된 분야가 분자생물학 일변도가 되어버려 동물의 개체로서의 행동 연구는 심리학자가 담당하는 상황을 반영하는 것이라고 생각합니다. 행동생물학이라는 분야가 무엇을 하고 있는지는 어렴풋이 짐작이 가겠지만, 일반적으로는 인지도가 낮죠. 행동생물학분과회에서는 이런 흥미진진한 분야가 어떻게든 널리 알려지기를 바라는 마음에서 중등 교육에서 해당 주제를 다루자는 운동을 하고, 또 일반 계몽 활동도 하고 있습니다. 그 일환으로 교리쓰출판의 스마트 선집 중에서 행동생물학 관련 서적을 시리즈로 출판하는 것을 기획했는데 첫 번째 출판은 졸저 『미의 기원: 예술의 행동생물학』이고, 이 책이 두 번째가 됩니다. 둘 다 아름다움에 관한 것이지만 졸저는 '미의 생물학적 기원을 문제로 삼아 동물에게도 사람의 예술과 유사한 행동이 있는지', '동물도 사람이 만든 예술을 인지하거나 즐길 수 있는지'라는 관점에서 해설한 것에 비해 이 책은 아름다움의 신경 기제에 특화된 해설로 되어 있습니다.

오래전에 게이오대학교에서 미에 관한 국제 심포지엄을 개최한 적이 있습니다. 이때는 제키 선생님을 비롯하여 미학 교수, 실제로 창작 활동을 하는 교수 등 여러 분야의 연구자를 모은 의욕적인 기획이었지만, 동시에 미를 논하기란 어려운 것이라는 점을 절실히 실감했습니다. 미학 선생님은 "미란 제도다"라는 어려운 이론을 전개하는 반면, 제키 선생님은 "미는 뇌 속에 국재한다"고 주장합니다. 미술대학 교수님께 "그래서 미란 무엇인가요?"라고 질문하면 "그건 알 수 없다. 그러나 나는 그것이 미인지 아닌지는 바로 판단할 수 있다"고 자신합니다. 듣는 입장에서는 재미있었지만, 사회자로서는 꽤 고생한 기억이 있습니다. 그러나 최근에는 미에 관한 동물 연구, 신경과학 연구가 활발해지면서 출판물도 잇달아 나오고 있습니다. 2011년에는 파리 제10대학에서 미에 관한 국제 심포지엄이 개최되어 그 결과는 『성선택에 대한 현재의 관점: 다윈 이후 남겨진 것들*Current Perspectives on Sexual Selection: What's left after Darwin*』(Springer, 2015)로 출판되었습니다. 제목이 나타내는 것처럼 이른바 다윈 미학이 커다란 논점이었습니다.

이 책의 I장은 신경미학이 무엇을 다루는 학문인지에 대해 소개했습니다. 독자들은 이 I장을 건너뛰지 말고 반드시 읽기 바랍니다. II장은 시각적 · 청각적인 아름다움의 신경 기제에 대한 설명입니다. 그러나 미는 시각 예술이나 음악에 국한된 것이 아니라 수학자가 수학적인 미를 느낀다든지, 도덕적인 미라는 것도 생각할 수 있습니다. III장은 일상적으로는 그런 것도 있을지 모른다는 생각에 지나지 않지만, 신경 기제의 공통성과 특이성을 실증적으로 파악한 것으로 매우 흥미롭습니다. IV장은 미적 판단이 아름다움을 둘러싼 요인들에 어떻게 영향을 받는지를 설명한 것으로, 심리학 전공자인 이시즈 선생님의 안목이 생생하게 드러나 있습니다. 이른바 브랜드파워 등도 그러한 것이죠. V장은 우리의 지각이 가진 제약과 전문가의 견해를 비교한 것으로 지각 연구의 성과를 다루고 있습니다. 아름다움에도 진화와 발달이라는 문제가 있어서 VI장에서는 원시적인 회화나 아동화의 수수께끼가 소개되어 있습니다. 오래전부터 아동화에 매료된 예술가들이 적지 않습니다. 아름다움을 경험하는 것은 즐겁습니다. 즉, 쾌감입니다. 그렇다면 다른 쾌감을 포함한 모든 것이 단일한 뇌 안의 쾌 시스템으로 귀착되는 것일까요? 이시즈 선생님은 VII장에서 이 문제를 다루었고, 미는 생리적 · 생물학적 욕구에 근거하는 것과 경험이나 사회에 의해 형성된 것으로 구별할 수 있다고 합니다. VIII장은 완전히 방향을 바꿔 즐겁지 않은 미를 주제로 삼고 있습니다. 그런 것이 있을까요? 하지만 우리는 비극을 즐기고(?) 공포의 대상에서 아름다움을 느낍니다. 이것은 미학의 오래된 주제이지만, 이시즈 선생님은 신경미학의 테두리 안에서 이 문제와 씨름합니다. IX장에서는 더 나아가 추를 다룹니다. 현대예술을 보면, 말해주지 않으면 예술작품이라고 생각할 수 없는 것도 있지만 분명히 혐오감을 일으킬 만큼 추한 것도 있습니다. 왜 인간은 추 또한 원하는 것일까요?

IX장까지는 아름다움을 보고 느낀다는 신경 기제에 대한 설명이었지만, X장은 아름다움의 창조가 주제이며 재즈 뮤지션의 뇌 활동을 다룹니다. 이 방면의 연구는 많지 않지만, 앞으로의 발전을 기대할 수 있는 흥미진진한 분야입니다. XI, XII장은 정리에 해당하는 부분으로, 인지신경과학이 어떻게 미학에 공헌할 수 있을지에 대해 이야기하고 또 필자의 기본적인 입장도 기술되어 있습니다.

저는 사람 이외의 동물도 미에 대한 감수성이 있고, 또 아름다움을 창조하는 것도 가능하다고 생각합니다. 그런 의미에서 아름다움이야말로 인간을 인간답게 하는 것이라든가, 예술은 인간 고유의 것이라는 사고방식에는 찬성하지 않습니다. 그러나 미가 인간에게 가장 발달해 있다는 것은 이론의 여지가 없습니다. 똑같은 것을 도구의 제작, 의사소통 능력, 지능에 관해서도 말할 수 있는데, 연속성을 추정할 수는 있지만 인간에게서 그런 것들의 발전이 두드러진다는 점은 말할 것도 없습니다. 미는 그 자체가 미로서 가치를 갖기 전에 어떠한 기능이 있었는데, 결국 본래의 기능에서 벗어나 자율적으로 아름다움이라는 가치를 가진 즐거움을 일으키게 되어 자율적인 미의 논리에 따라 더 세련되어졌다고 보아야 할 것입니다. 동물의 미에 대한 연구는 미의 쾌감이 본래 무엇을 바탕으로 했는지를 밝힐 것입니다. 그리고 신경미학은 경험과학으로서 여러 가지 미의 공통성과 차이를 밝혀낼 것입니다. 미학 선생님은 "미는 제도다"라고 지적했지만 미가 제도가 되었을 때 뇌 안에서는 어떤 변화가 있었다는 것이 분명하며, 또 소박하게 미라고 느끼는 것과 제도를 통해 획득된 미는 뇌 안에서의 처리가 다를 것입니다. 앞서 말한 미학자의 의견과 제키 선생님의 의견은 신경과학적으로 통합해서 이해할 수 있을 것입니다. 이 책을 읽는 젊은 분들이 이 수수께끼들에 도전하길 바랍니다. 해야 할 것은 산더미처럼 많습니다. 두려워하지 말고 나아가기 바랍니다.

코디네이터 와타나베 시게루

인용문헌

I

[1] https://www.gold.ac.uk/pg/msc-psychology-arts-neuroaesthetics-creativity/

[2] Anderson, B. L., & Winawer, J. (2005). Image segmentation and lightness perception. *Nature*, 434(7029), 79.

[3] Pearce, M. T., Zaidel, D. W., Vartanian, O., Skov, M., Leder, H., Chatterjee. A., & Nadal, M. (2016). Neuroaesthetics: The cognitive neuroscience of aesthetic experience. *Perspectives on Psychological Science,* 11(2), 265–279.

II

[4] Bell, C. (1921). *Art*. London: Chatto and Windus, 292.

[5] Vartanian, O., & Goel, V. (2004). Neuroanatomical correlates of aesthetic preference for paintings. *Neuroreport*, 15(5), 893–897.

[6] Kawabata, H., & Zeki, S. (2004). Neural correlates of beauty. *Journal of neurophysiology*, 91(4), 1699–1705.

[7] Burke, E. (1757). *A philosophical enquiry into the origin of our ideas of the sublime and beautiful*. London: R. and J. Dodsley, 175.

[8] Ishizu, T., & Zeki, S. (2011). Toward a brain-based theory of beauty. *PLoS ONE*, 6(7), e21852.

[9] Pegors, T. K., Kable, J. W., Chatterjee, A., & Epstein, R. A. (2015). Common and unique representations in pFC for face and place attractiveness. *Journal of cognitive neuroscience*, 27(5), 959-973.

III

[10] Zeki, S., Romaya, J. P., Benincasa, D. M., & Atiyah, M. F. (2014). The experience of mathematical beauty and its neural correlates. *Frontiers in Human Neuroscience*, 8, 68.

[11] Tsukiura, T., & Cabeza, R. (2011). Shared brain activity for aesthetic and moral judgments: implications for the Beauty-is-Good stereotype. *Social Cognitive and Affective Neuroscience*, 6(1), 138-148.

[12] Wang, T., Mo. L., Mo, C., Tan, L. H., Cant, J. S., Zhong, L., & Cupchik, G. (2014). Is moral beauty different from facial beauty? Evidence from an fMRI study. *Social Cognitive and Affective Neuroscience*, 10(6), 814-823.

[13] Tsay, C. J. (2013). Sight over sound in the judgment of music performance. *Proceedings of the National Academy of Sciences*, 110(36), 14580-14585.

[14] Shahani, C., Dipboye, R. L., & Gehriein, T. M. (1993). Attractiveness bias in the interview: Exploring the boundaries of an effect. *Basic and Applied Social Psychology*, 14(3), 317-328.

[15] Gheorghiu, A. I., Callan, M. J., & Skylark, W. J. (2017). Facial appearance affects science communication. *Proceedings of the National Academy of Sciences*, 201620542.

[16] Young, L., Bechara, A., Tranel, D., Damasio, H., Hauser, M., & Damasio. A. (2010). Damage to ventromedial prefrontal cortex impairs judgment of harmful intent. *Neuron*, 65(6), 845–851.

[17] Cattaneo, Z., Lega, C., Flexas, A., Nadal, M., Munar, E., & Cela-Conde, C. J. (2013). The world can look better: enhancing beauty experience with brain stimulation. *Social Cognitive and Affective Neuroscience*, 9(11), 1713–1721.

IV

[18] Washington Post 'Stop and Hear the Music' (https://www.youtube.com/watch?v=hnOPuO_YWhw)

[19] Plassmann, H., O'Doherty, J., Shiv, B., & Rangel, A. (2008). Marketing actions can modulate neural representations of experienced pleasantness. *Proceedings of the National Academy of Sciences*, 105(3), 1050–1054.

[20] Kirk, U., Skov, M., Hulme, O., Christensen, M. S., & Zeki, S. (2009). Modulation of aesthetic value by semantic context: An fMRI study. *Neuroimage*, 44(3), 1125–1132.

[21] Edelson, M. G., Dudai, Y., Dolan, R. J., & Sharot, T. (2014). Brain substrates of recovery from misleading influence. *Journal of Neuroscience*, 34(23), 7744–7753.

[22] Kirk, U., Harvey, A., & Montague, P. R. (2011). Domain expertise insulates against judgment bias by monetary favors through a modulation of ventromedial prefrontal cortex. *Proceedings of the National Academy of Sciences*, 108(25), 10332–10336.

[23] Lauring, J. O., Pelowski, M., Forster, M., Gondan, M., Ptito, M., & Kupers, R. (2016). Well, if they like it... Effects of social groups' ratings and price information on the appreciation of art. *Psychology of Aesthetics, Creativity, and the Arts*, 10(3), 344.

[24] Berns, G. S., Capra, C. M., Moore, S., & Noussair, C. (2010). Neural mechanisms of the influence of popularity on adolescent ratings of music. *Neuroimage*, 49(3), 2687–2696.

[25] Ticini, L. F., Rachman, L., Pelletier, J., & Dubai, S. (2014). Enhancing aesthetic appreciation by priming canvases with actions that match the artist's painting style. *Frontiers in Human Neuroscience*, 8, 391.

[26] Leder, H., BSr, S., & Topolinski, S. (2012). Covert painting simulations influence aesthetic appreciation of artworks. *Psychological Science*, 23(12), 1479–1481.

V

[27] Pihko, E., Virtanen, A., Saarinen, V. M., Pannasch, S., Hirvenkari, L., Tossavainen, T., ... & Hari, R. (2011). Experiencing art: the influence of expertise and painting abstraction level. *Frontiers in Human Neuroscience*, 5, 94.

[28] Vogt, S., & Magnussen, S. (2007). Expertise in pictorial perception: eye-movement patterns and visual memory in artists and laymen. *Perception*, 36(1), 91–100.

[29] Bruce, V.t & Young, A. (1986). Understanding face recognition. *British journal of psychology*, 77(3), 305–327.

VI

[30] Gheorghiu, D., & Cyphers, A. (Eds.). (2010). *Anthropomorphic and Zoomorphic Miniature Figures in Eurasia, Africa and Meso-America: Morphology, Materiality, Technology, Function and Context*. Archaeopress.

[31] Reid, V. M., Dunn, K., Young, R. J., Amu, J., Donovan, T., & Reissland, N. (2017). The human fetus preferentially engages with face-like visual stimuli. *Current Biology*, 27(12), 1825-1828.

[32] Zeki, S., & Stutters, J. (2012). A brain-derived metric for preferred kinetic stimuli. *Open Biology*, 2(2), 120001.

[33] Goren, C. C., Sarty, M., & Wu, P. Y. (1975). Visual following and pattern discrimination of face-likc stimuli by newborn infants. *Pediatrics*, 56(4), 544-549.

[34] Fantz, R. L. (1963). Pattern vision in newborn infants. *Science*, 140(3564), 296-297.

[35] Langlois, J. H., Ritter, J. M., Roggman, L. A., & Vaughn, L. S. (1991). Facial diversity and infant preferences for attractive faces. *Developmental Psychology*, 27(1), 79.

[36] Langlois, J. H., Roggman, L. A., & Rieser-Danner, L. A. (1990). Infants, differential social responses to attractive and unattractive faces. *Developmental Psychology*, 26(1), 153.

[37] DeLoache, J. S. (2004). Becoming symbol-minded. *Trends in Cognitive Sciences*, 8(2), 66-70.

[38] Rubeling, H., Keller, H., Yovsi, R. D., Lenk, M., Schwarzer, S., & Kflhne, N. (2011). Children's drawings of the self as an expression of cultural conceptions of the self. *Journal of Cross-Cultural Psychology*, 42(3), 406-424.

[39] Eng, H. (2013). *The psychology of children's drawings: from the first stroke to the coloured drawing*. Routledge.

[40] Ramachandran, V. S., & Hirstein, W. (1999). The science of art: A neurological theory of aesthetic experience. *Journal of Consciousness Studies*, 6(6-7), 15-51.

[41] Bateson, P., & Laland, K. N. (2013). Tinbergen's four questions: an appreciation and an update. *Trends in Ecology & Evolution*, 28(12), 712-718.

[42] Pinker, S. (1999). How the mind works. *Annals of the New York Academy of Sciences*, 882(1), 119–127.

[43] 渡辺茂, 美の起源—アートの行動生物学, 共立スマートセレクション 10, 2016.

[44] Hubei, D. H., & Wiesel, T. N. (1962). Receptive fields, binocular interaction and functional architecture in the cat's visual cortex. *The Journal of physiology*, 160(1), 106–1M.

VII

[45] Berridge, K. C., & Kringelbach, M. L. (2008). Affective neurosciencx of pleasure: reward in humans and animals. *Psychopharmacology*, 199(3), 457–480.

[46] 報酬を期待する脳—ニューロエコノミクスの新展開, 苧阪直行 編, 新曜社, 2015.

[47] Pecina, S., Cagniard, B., Berridge, K. C., Aldridge, J. W. & Zhuang, X. (2003). Hyperdopaminergic mutant mice have higher "wanting" but not "liking" for sweet rewards. *Journal of Neuroscience*, 23(28), 9395–9402.

[48] クリンゲルバック ML, & ベリッジ KC. (2013). 神経科学 快楽の神経回路. 日経サイエンス, 43(1), 54–60.

[49] Kim, H., Adolphs, R., O'Doherty, J. P., & Shimojo, S. (2007). Temporal isolation of neural processes underlying face preference decisions. *Proceedings of the National Academy of Sciences*, 104(46), 18253–18258.

[50] Brown, S., Gao, X., Tisdelle, L., Eickhoff, S. B., & Liotti, M. (2011). Naturalizing aesthetics: brain areas for aesthetic appraisal across sensory modalities. *Neuroimage*, 58(1), 250–258.

[51] Vartanian, O., Navarrete, G., Chatterjee, A., Fich, L. B., Leder, H.,

Modrofio, C., ... & Skov, M. (2013). Impact of contour on aesthetic judgments and approach-avoidance decisions in architecture. *Proceedings of the National Academy of Sciences*, 110(Supplement 2), 10446–10453.

[52] Vessel, E. A., Maurer, N., Denker, A. H., & Starr, G. G. (2018). Stronger shared taste for natural aesthetic domains than for artifacts of human culture. *Cognition*, 179, 121–131.

VIII

[53] Ishizu, T., & Zeki, S. (2014). A neurobiological enquiry into the origins of our experience of the sublime and beautiful. *Frontiers in Human Neuroscience*, 8, 891.

[54] Piff, P. K., Dietze, P., Feinberg, M., Stancato, D. M., & Keltner, D. (2015). Awe, the small self, and prosocial behavior. *Journal of Personality and Social Psychology*, 108(6), 883.

[55] Taruffi, L., Pehrs, C., Skouras, S., & Koelsch, S. (2017). Effects of sad and happy music on mind-wandering and the default mode network. *Scientific Reports*, 7(1), 14396.

[56] Kawakami, A., Furukawa, K., Katahira, K., & Okanoya, K. (2013). Sad music induces pleasant emotion. *Frontiers in Psychology*, 4, 311.

[57] Ishizu, T., & Zeki, S. (2017). The experience of beauty derived from sorrow. *Human Brain Mapping*, 38(8), 4185–4200.

[58] Fan, Y., Duncan, N. W., de Greek, M., & Northoff, G. (2011). Is there a core neural network in empathy? An fMRI based quantitative meta-analysis. *Neuroscience & Biobehavioral Reviews*, 35(3), 903–911.

IX

[59] Sorokowski, P., Kościński, K., & Sorokowska, A. (2013). Is beauty in the eye of the beholder but ugliness culturally universal? Facial preferences of Polish and Yali (Papua) people. *Evolutionary Psychology*, 11(4), 147470491301100414.

[60] Armony, J. L., & Dolan, R. J. (2002). Modulation of spatial attention by fear-conditioned stimuli: an event-related fMRI study. *Neuropsychologia*, 40(7), 817–826.

[61] Ishizu, T., & Sakamoto, Y. (2017). Ugliness as the fourth wallbreaker: Comment on "Move me, astonish me... delight my eyes and brain: The Vienna Integrated Model of top-down and bottom-up processes in Art Perception (VIMAP) and corresponding affective, evaluative, and neurophysiological correlates" by Matthew Pelowski et al. *Physics of Life Reviews*, 21, 138.

X

[62] Limb, C. J., & Braun, A. R. (2008). Neural substrates of spontaneous musical performance: An fMRI study of jazz improvisation. *PLoS ONE*, 3(2), el679.

[63] Liu, S., Chow, H. M.. Xu, Y., Erkkinen, M. G., Swett, K. E., Eagle, M. W., ... & Braun, A. R. (2012). Neural correlates of lyrical improvisation: an fMRI study of freestyle rap. *Scientific Reports*, 2, 834.

[64] https://www.ted.com/talks/charlesJimb.your_brain.on_improv?Janguage=en

[65] Lauring, J. O., Ishizu, T., Kutlikova, H. H., Dörflinger, F., Haugbøl, S., Leder, H. & Pelowski, M. (2019). Why would Parkinson's disease lead to sudden changes in creativity, motivation, or style with visual art?: A review of case evidence and new, contextual, and genetic

hypotheses. *Neuroscience & Biobehavior al Reviews*.

[66] Forsythe, A., Williams, T., & Reilly, R. G. (2017). What paint can tell us: A fractal analysis of neurological changes in seven artists. *Neuropsychology*, 31(1), 1.

[67] Hawley-Dolan, A., & Winner, E. (2011). Seeing the mind behind the art: People can distinguish abstract expressionist paintings from highly similar paintings by children, chimps, monkeys, and elephants. *Psychological Science*, 22(4), 435-441.

XI

[68] Zeki, S., & Ishizu, T. (2013). The "Visual Shock" of Francis Bacon: an essay in neuroesthetics. *Frontiers in Human Neuroscience*, 7, 850.

[69] Downing, P. E., Chan, A. Y., Peelen, M. V., Dodds, C. M., & Kan wisher, N. (2005). Domain specificity in visual cortex. *Cerebral Cortex*, 16(10), 1453-1461.

[70] Chen, C. H., & Zeki, S. (2011). Frontoparietal activation distinguishes face and space from artifact concepts. *Journal of Cognitive Neuroscience*, 23(9), 2558-2568.

[71] Ishizu, T., & Zeki, S. (2013). The brain's specialized systems for aesthetic and perceptual judgment. *European Journal of Neuroscience*, 37(9), 1413-1420.

XII

[72] 情動と言語・芸術ー認知・表現の脳内メカニズム, 川畑秀明, 森悦朗 編, 朝倉書店, 2018, 第1章『美的判断の脳神経科学的基盤』.

찾아보기

저자 소개

이시즈 도모히로

신경미학자, 간사이대학교 교수. 와세다대학교 심리학과를 졸업하고 게이오대학교 심리학과에서 박사학위를 받았다. 유니버시티칼리지 런던(UCL)에서 박사후연구를 하면서 신경미학의 대가 세미르 제키와 함께 괄목할만한 성과를 일구었으며, 빈대학교 심리학과 연구자들을 비롯한 유럽의 신경미학자들과 다수의 공동연구를 수행해왔다. 주요 업적으로는 다양한 미적 경험에 관여하는 뇌인지 기능과 예술작품 지각의 기제를 해명한 다수의 연구들과, 미적 경험을 노인 복지에 적용한 더 최근의 성과가 있으며, 대표 논문에는 "Linking the Neural Correlates of Reward and Pleasure to Aesthetic Evaluations of Beauty"(2023), "The experience of beauty derived from sorrow"(2017), "The brain's specialized systems for aesthetic and perceptual judgment"(2013), "Toward a brain-based theory of beauty"(2011) 등이 있다.

역자 소개

강미정

미학자, 서울대학교 강사. 서울대학교 미학과를 졸업하고 같은 대학원에서 박사학위를 받았다. 대구시 미술관준비팀 수석큐레이터, 서울대 융합기술연구원 전임연구원, 카이스트 대우교수 등으로 일했으며, 현재는 서울대학교에서 경험미학과 미디어미학에 관해 연구하며 강의하고 있다. 쓴 책에는 『한국 미디어아트의 흐름』(2020), 『퍼스의 기호학과 미술사』(2011) 등이 있고, 옮긴 책에는 『디지털 퍼포먼스』(2022)와 『신경미학』(2019)이 있다. 주요 논문으로는 「포스트인터넷 시대 사진의 존재론」(2022), 「학제적 연구로서 신경미학의 이론적 틀짓기」(2019), 「사이버네틱스와 공간예술의 진화」(2015), 「가추법과 디자인씽킹: 창의적 발상의 이론과 실제」(2014) 외 다수가 있다.

민철홍

관악구청소년상담복지센터 및 관악구학교밖청소년지원센터(꿈드림) 센터장, 관악FM PD, 트라우마 치유센터 사회적 협동조합 사람마음 이사. 서울대학교 심리학과 졸업 후 같은 대학원에서 언어심리학을 전공하여 석사학위를 받고 박사과정을 수료했다. 현재 한국방송통신대학교 일본학과에 재학 중이다. 서울과학기술대학교, 서울대학교, 이화여자대학교에서 강의했으며 서울대 융합기술연구원에서 연구원으로 근무했다. 옮긴 책으로 『신경미학』(2019)이 있다.

김지수

연세대학교 불어불문학과를 졸업하고 서울대학교 미학과 대학원에서 졸업논문 『세미르 제키의 신경미학에 대한 비판적 고찰』로 석사학위를 취득했다. 이후 오스트리아 빈국립대학교 미술사학과 박사과정에 진학하여 인지심리학 실험실에서 안구운동추적(eye-tracking) 기술을 활용한 신경미학 연구방법을 습득했다. 현재 이화여자대학교에서 예술학전공 박사연구를 지속하면서 미술비평, 번역 및 강연 활동을 이어가고 있다.

아름다움과 예술의 뇌과학
입문자를 위한 신경미학

2023년 11월 5일 초판 인쇄
2023년 11월 10일 초판 발행

지은이 | 이시즈 도모히로
코디네이터 | 와타나베 시게루
옮긴이 | 강미정 · 민철홍 · 김지수
교정교열 | 정난진
펴낸이 | 이찬규
펴낸곳 | 북코리아
등록번호 | 제03-01240호
전화 | 02-704-7840
팩스 | 02-704-7848
이메일 | ibookorea@naver.com
홈페이지 | www.북코리아.kr
주소 | 13209 경기도 성남시 중원구 사기막골로 45번길 14
우림2차 A동 1007호
ISBN | 978-89-6324-074-9 (03600)

값 19,000원